VOYAGE

DU

DUC DE RAGUSE.

TOME QUATRIÈME

PREMIÈRE ÉDITION.

LE VOYAGE DU MARECHAL DUC DE RAGUSE sera orné d'un atlas composé de six cartes, de cinq portraits et de douze vues des principaux endroits visités par l'auteur.

L'atlas, qui se vendra séparément 8 fr., ne paraîtra qu'en septembre prochain avec un tableau.

Imprimerie d'AD. ÉVERAT ET COMP.,
rue du Cadran, 16.

VOYAGE
DU MARÉCHAL
DUC DE RAGUSE

EN HONGRIE, EN TRANSYLVANIE,
DANS LA RUSSIE MÉRIDIONALE,
EN CRIMÉE, ET SUR LES BORDS DE LA MER D'AZOFF,
A CONSTANTINOPLE,
DANS QUELQUES PARTIES DE L'ASIE-MINEURE,
EN SYRIE,
EN PALESTINE ET EN ÉGYPTE.

1834.—1835.

TOME QUATRIÈME.

A PARIS,

CHEZ LADVOCAT, LIBRAIRE
DE S. A. R. M. LE DUC D'ORLÉANS,
PLACE DU PALAIS-ROYAL.

M DCCCXXXVII.

MOYENNE ET HAUTE ÉGYPTE.

Le 17 novembre, au matin, je quittai le Caire pour me rendre dans la Haute-Égypte. Indépendamment de mes anciens compagnons de voyage, le comte de Brazza et M. Burnn, j'en avais trois autres : M. Lapi, drogman du consulat d'Autriche, jeune homme fort distingué, très instruit, connaissant bien l'Égypte, et qui m'a été utile dans mes observations météorologiques; le docteur Koch, médecin en chef de l'escadre, officier de santé bavarois; et Jussuf Kiachef, investi de pouvoirs pour me faire fournir tout ce dont j'aurais besoin.

Jussuf Kiachef est un Français : il était soldat dans le 22ᵉ régiment de chasseurs à cheval. Resté en Égypte, comme prisonnier des mamelouks, avec un certain nombre de ses camarades, au moment de l'évacuation de ce pays par l'armée française, il se fit musulman et devint mamelouk. Il a été employé à plusieurs missions par le pacha et a rempli différentes fonctions. On m'avait parlé de lui avec éloges; je le demandai pour m'accompagner, et j'eus beaucoup à me louer de ses soins.

Nos moyens de transport se composaient de deux bâtiments : un dahabiéh, du port de cent cinquante tonneaux, conduit par un bon équipage et un reïs excellent, était chargé de nos provisions et servait de logement à mes compagnons de voyage, ainsi qu'à mes gens. La cuisine y était installée, et nous nous y réunissions pour prendre nos repas. Une fort jolie cange, appartenant à Soliman-Pacha, avec une chambre très-bien meublée, et une belle tente, qui couvrait le pont en partie, formait mon habitation particulière. C'était là que je passais la nuit, et que nous nous tenions tous pendant le jour pour lire et travailler. Nous changions ainsi de domicile suivant l'heure de la journée. Nous étions largement pourvus, d'après les ordres de Méhémet-Ali, de vivres et d'approvisionnements de toute nature, et surtout d'excellents vins de Bordeaux et de Champagne, qui ne nous ont jamais manqué, même dans le désert.

Enfin, pour dernière disposition, j'avais fait attacher ma cange au dahabiéh, qui la conduisait à la remorque. Les immenses voiles que portent les canges les font souvent chavirer; j'évitais ainsi ce danger, et je ne risquais pas de me séparer de mes compagnons et de nos subsistances. Ainsi tout était arrangé pour rendre le voyage aussi commode que sûr et agréable.

Je le commençai par aller visiter les Pyramides, et j'envoyai mes barques m'attendre au village de Bedreqin.

Nous marchâmes pendant trois heures au milieu des inondations, qui étaient encore à leur plus grande hauteur, et je pus remarquer la formation de divers bassins dont nous suivions les bords, et qui servent à assurer une distribution générale, régulière et successive des eaux. En approchant des Pyramides, nous atteignîmes un terrain sablonneux, entre la limite de l'inondation et la côte libyque.

J'étais impatient de voir de près ces monuments gigantesques, les plus extraordinaires que jamais les hommes aient construits. L'étendue et la difficulté des travaux ont exigé une accumulation de moyens proportionnés, et par conséquent immenses : il a fallu, pour élever ces édifices, sans utilité pour les vivants, une constance inouïe, et que leurs fondateurs pussent disposer d'une foule innombrable d'esclaves. L'érection des Pyramides n'a pas été le caprice bizarre d'un seul souverain, non plus qu'une entreprise isolée et unique; ce fut l'accomplissement d'une pensée qui tenait aux croyances religieuses les plus profondes, relativement à l'avenir. Ces croyances étaient universelles, car chacun réalisa la même pensée suivant ses facultés, et il en résulta ce nombre considérable de pyramides, grandes ou petites, encore existant aujourd'hui, ou dont on retrouve les débris. Ces idées n'avaient pas pris naissance en Égypte : elles appartenaient aux peuples primitifs de la vallée du Nil, puisque l'île de Méroë, dans le Sennaar, plaine sortie du sein des eaux avant l'Égypte, est remplie de monuments semblables.

L'impression que les pyramides de Ghizéh font éprouver varie d'une manière singulière, selon la distance d'où on les voit. En remontant le Nil, dès qu'on les a découvertes à l'horizon, elles grandissent constamment à l'œil, à mesure qu'on avance vers le Caire ; près de cette ville on dirait que ce sont des montagnes : et quand on réfléchit que ces montagnes si régulières sont sorties de la main des hommes, l'étonnement s'unit à l'admiration. C'est ce que nous éprouvâmes, il y a trente-huit ans, quand nous nous disposions à combattre à leur ombre et que Napoléon nous disait : « Soldats, du haut de ces Pyramides quarante siècles vous contemplent ! »

C'est du Caire, que les Pyramides apparaissent dans toute leur gloire. Digne ornement d'un pays dont les souvenirs ont tant d'éclat et remontent si haut dans les siècles écoulés, elles sont là comme pour rendre témoignage de ce que fut cette contrée que nous avons peine à comprendre, et qui exerça sur le monde une puissance que son étendue et sa population ne semblaient pas lui promettre. Une résidence habituelle au Caire accoutume à regarder les Pyramides comme une des nécessités de cette terre, comme une parure qui lui est propre; on ne conçoit pas que le paysage puisse en être dépouillé, elles en font partie comme un ouvrage de la nature.

A mesure qu'on approche des Pyramides on croirait qu'elles s'abaissent et que leurs dimensions s'amoindrissent. Soit que l'œil s'habitue à leur aspect imposant, soit que le désert uni et monotone qui les entoure, n'offrant aucun point de comparaison, empêche d'apprécier leur masse énorme, il est certain que l'effet qu'elles produisent va toujours en s'affaiblissant. On le sent et l'on s'en étonne, sans pouvoir se soustraire à cette impression; mais elle est passagère: quand on arrive jusqu'à les toucher, quand on lève la tête et que les regards s'élancent vers leur sommet, lorsqu'enfin on en fait le tour et qu'on mesure ainsi leur étendue, la surprise renaît, et, en se rappelant les plus grands monuments que l'Europe possède, on se dit que si l'église de Saint-Pierre de Rome ou celle de Strasbourg étaient transportées ici, la croix qui les domine ne serait pas de niveau avec la plate-forme; que si le Louvre était adossé à cette pyramide, le faîte ne correspondrait pas à la moitié de sa hauteur; alors l'admiration subjugue, et ce que vous voyez a le prestige d'une illusion des sens.

Les dimensions des Pyramides sont connues, ainsi je n'en dirai rien. Elles s'élèvent sur le rocher, dont quelques portions se révèlent dans l'intérieur, et l'on doit croire que les premiers travaux furent faits autour d'une saillie formant un noyau de cent cinquante pieds de hauteur. Un rocher sculpté en forme de sphinx, et en partie ensablé, semble être le gardien de ces monuments. Il est à supposer que cette figure indique à peu près la hauteur qu'avait le rocher avant l'excavation qui fut pratiquée pour y asseoir le monument.

Les Pyramides ont été bâties avec des matériaux pris sur place ou dans d'autres carrières de la chaîne libyque; mais on employa aux revêtements extérieurs, et à ceux des galeries, des pierres de choix tirées du mont Moqattam. Indépendamment de leur nature, qui l'indique, une inscription existant dans ces carrières, et que notre illustre Champollion a expliquée, le dit d'une manière formelle.

Les pierres sont grandes et taillées régulièrement. Leur épaisseur varie de deux à trois pieds; elles ont une largeur à peu près égale, et trois ou quatre pieds de long; leur cube est donc de douze, quinze et vingt pieds. Elles sont placées en retrait et présentent une suite de gradins d'une hauteur différente, selon l'épaisseur des pierres, ce qui facilite la montée et la descente.

Rien ne les lie entre elles : il n'y a ni mortier ni crampons; mais comme leur taille est bonne, l'assiette en est solide. Un revêtement en pierres lisses les recouvrait : on peut en voir les restes dans la partie supérieure de la seconde pyramide; la grande en a été entièrement dépouillée. Deux de ses arêtes, celles opposées, qui regardent le sud-ouest et le nord-ouest, sont assez fortement endommagées ; les deux autres sont intactes. La base de la pyramide est recouverte de sable, ce qui en diminue à l'œil la hauteur de soixante pieds environ. La plate-forme est carrée, et, de ce point, la vue est immense : elle embrasse une grande partie de la Basse-Égypte.

Cette plate-forme est couverte de noms : je fus fort étonné d'y trouver le mien, que cependant, en 1798, je n'y avais pas inscrit. Parti de Ghizéh, avec le général Desaix, pour aller voir les Pyramides, un accident me força de rétrograder, et me priva du plaisir que je m'étais promis. J'ignore qui m'a suppléé en cette circonstance. J'y ai gravé de nouveau mon nom en 1834, et ainsi il s'y trouve maintenant deux fois, avec l'indication de deux époques bien éloignées l'une de l'autre, et suivi de titres différents.

Nous pénétrâmes dans l'intérieur par un boyau étroit qui descend d'abord et se relève ensuite, et dans lequel on ne peut avancer qu'en rampant sur les mains et sur les genoux. La chaleur y est extrême. Ayant oublié mon thermomètre, je ne pus prendre la température de ces souterrains.

Après avoir monté péniblement pendant assez longtemps, on arrive à une chambre sépulcrale, située au centre de la pyramide, et qui a trente-deux pieds de long sur seize de large : elle est entièrement revêtue de granit noir du plus beau poli ; le plafond est du même granit et composé de bandes mises dans le sens de la largeur. Au fond de la chambre est un très-beau sarcophage de granit noir. On l'a trouvé vide, car cette pyramide avait été anciennement ouverte et visitée, soit par les Perses, soit par les Grecs ou les Romains : rien n'a pu mettre les cendres qu'elle renfermait à l'abri de la profanation des hommes.

Une chose remarquable, c'est qu'il y a, dans l'épaisseur de la pyramide, deux conduits étroits et profonds, dont l'entrée est placée dans la chambre sépulcrale; ils ont un pied et demi de largeur ; l'un va en s'élevant, et l'autre en s'abaissant. Des sondes ont été poussées à une distance de quatre-vingt-dix-sept pieds, sans qu'on en ait atteint l'extrémité.

Il est assez probable qu'ils arrivaient anciennement à la surface extérieure.

Quels en étaient le but et l'usage ? Au moment où le corps du roi Chéops fut déposé dans son tombeau, des hommes se dévouèrent-ils à sa garde et furent-ils enfermés avec lui ? Ces conduits étaient-ils destinés à leur donner de l'air et des aliments ; ou bien servaient-ils, au moyen de quelques procédés, à produire des effets d'acoustique qui passaient pour des oracles ? Il n'y a guère de solution à obtenir, ni d'explications satisfaisantes à donner.

Une autre chambre sépulcrale existe au dessous de la première : c'est à ces deux chambres, aux deux conduits dont je viens de parler, au canal étroit qui sert de chemin pour pénétrer, et à un puits profond qui descend jusqu'au niveau du Nil, que se bornent toutes les découvertes faites dans cette pyramide, dont l'érection paraîtrait aujourd'hui au-dessus des forces des plus grandes sociétés européennes, et qui fut l'œuvre, plusieurs fois renouvelée, d'un petit peuple.

La seconde pyramide est à peu près de la

même grandeur que la première; à la vue on ne remarque aucune différence. Seulement les matériaux sont moins beaux, les pierres de plus petites dimensions, les assises moins régulières, et la maçonnerie n'est pas aussi soignée.

Toutes les dégradations que ces monuments ont subies sont l'ouvrage des hommes beaucoup plus que celui des siècles. Cependant, dans toutes les pyramides, les arêtes tournées vers le sud-est et le nord-ouest sont les plus dégradées. C'est un effet singulier qui doit être le résultat de l'action de l'atmosphère et de la direction des vents.

Cette seconde pyramide fut ouverte par Belzoni. Comme dans la première, des couloirs rapides et étroits conduisent à une chambre sépulcrale où se trouvait un sarcophage, dont le couvercle était brisé. Il renfermait des ossements que l'on a jugé être ceux d'un bœuf, ce qui autoriserait à penser que le dieu Apis partageait quelquefois avec les rois d'Égypte la gloire d'avoir une pyramide pour tombeau. Une inscription arabe fit connaître à Belzoni que cette pyramide avait déjà été ouverte du temps des califes.

La troisième est d'une dimension beaucoup plus petite ; mais les matériaux qui ont servi à l'élever sont aussi beaux que ceux de la grande, et de plus elle était revêtue, non de pierres calcaires, mais de morceaux de granit rouge qui gisent encore auprès d'elle ; ils n'ont pu se trouver ainsi amoncelés que par les barbares qui ont détruit ces monuments.

Près de la seconde pyramide, dite de Céphren, étaient des constructions étendues qui appartenaient à un temple. A peu de distance, et tout autour, il y a encore plus d'une centaine de petites pyramides, dont plusieurs sont bien conservées, et d'autres renversées en grande partie. Parmi elles, plusieurs ont pour base un parallélogramme. Toute cette surface est couverte de tombeaux ruinés, et la montagne a été percée de puits qui servaient aux inhumations. Ces hypogées se rencontrent aussi dans le flanc de la chaîne libyque, jusqu'à Sakkara. Beaucoup sont revêtues de peintures qui, suivant l'ancien usage égyptien, indiquent les noms, les dignités et la fortune de ceux qui y étaient déposés.

Tout cet ensemble forme une immense ville des morts : c'est elle qui a recueilli les générations accumulées de la population de Memphis. A Abousyr, entre Sakkara et les grandes pyramides, on en voit trois autres d'une dimension médiocre, et plusieurs petites. Mais le quartier par excellence, le lieu où l'orgueil de l'avenir se déployait avec le plus d'éclat, et qui semblait défier les efforts du temps et des hommes, c'était celui dont les pyramides de Ghizéh formaient le centre.

La ville des morts se voit donc encore, mais celle que les vivants habitaient a disparu. Des mouvements de terrain, produits par des masses de décombres réduits en poussière, indiquent seuls le lieu où fut Memphis. Une statue colossale de Sésostris, en granit rose, de trente-cinq pieds, et quelques débris d'une statue de Vénus étrangère, de soixante-quinze pieds de haut, dont Hérodote fait mention, sont les seuls objets d'art qui rappellent cette ville, si magnifique autrefois, qui était remplie de temples et de monuments, mais dont la décadence remonte à une époque bien éloignée, puisque Strabon parle de palais qui déjà tombaient en ruines.

Je ne vis pas ces débris, parce qu'ils se trouvaient alors sous les eaux : je ne pus contempler que les vastes montagnes de décombres qui marquent, particulièrement en Égypte, les lieux autrefois habités par une grande réunion d'hommes, et la forêt de palmiers qui est devenue l'ornement de cette contrée.

Nous arrivâmes au commencement de la nuit au village de Bedreqin où mes barques m'attendaient; et, profitant d'un vent du nord favorable, nous déployâmes nos voiles pour remonter le fleuve.

J'avais un grand désir de visiter le Fayoum, province séparée de la vallée du Nil, et pays à part. Il avait été convenu que j'y entrerais par le canal qui mène au pont d'El-Haoum; mais les eaux avaient baissé, et le canal n'était plus praticable pour ma cange. Nous arrivâmes à son embouchure le 12 au soir.

Forcés d'abandonner cette direction, nous nous rendîmes à Beny-Soueyf, chef-lieu de la province de ce nom, d'où nous comptions nous rendre à Médynet par terre : une digue, dont la rupture interrompait toute espèce de communication et présentait un obstacle insurmontable pour le moment. Il fallut renoncer à cette excursion ; elle piquait beaucoup ma curiosité, parce que les anciens ont fait du Fayoum des récits divers et merveilleux, qui se confondent avec les inventions de la fable. Quoique les circonstances m'aient empêché d'y pénétrer, j'ai pris auprès de ceux qui l'ont habité des renseignements si multipliés et si minutieux, que je crois assez le connaître pour en pouvoir donner la description succincte.

Le Fayoum est un bassin circulaire environné de montagnes : la chaîne lybique, à laquelle il est appuyé, le termine au sud et à l'ouest. Des contreforts de cette chaîne se détachent à l'est et au nord, et, en se rejoignant, lui font une ceinture qui le sépare complétement du reste de l'Égypte.

On attribue au roi Mœris l'exécution de grands travaux dans cette partie de l'Égypte, où l'on prétend qu'il fit creuser un vaste bassin, pour recevoir les eaux du Nil au moment de la crue de ce fleuve, et les restituer, après son abaissement, aux plaines de l'Égypte. Hérodote dit que « pendant six mois les eaux » du Nil coulaient dans le sens, et pendant » six autres mois dans un sens opposé ».

On peut se rendre compte de ce fait, rapporté d'une manière un peu obscure, et l'expliquer en modifiant les circonstances qui l'accompagnent.

Le bassin du Fayoum est entièrement isolé; et, quoique le point de jonction des deux contreforts soit plus bas que la chaîne, et forme une vallée que l'on distingue parfaitement bien de Beny-Soueyf, le fond de cette vallée avait une élévation trop grande pour que les eaux du Nil pussent y couler avant que la main de l'homme l'eût approfondi et y eût ouvert un canal. Ce canal a été creusé dans le roc, qui reste encore à découvert; et c'est par lui seulement que le Fayoum, qui n'a aucune eau qui lui soit propre, reçoit celles qui le fécondent. C'est donc l'introduction des eaux du fleuve qui a donné l'existence à ce pays.

Le canal commence à trente-six lieues plus au sud; on l'appelle Bahr-Yousef, ou canal de Joseph. Il coule au pied oriental de la chaîne libyque, et contribue à arroser tout le pays qu'il longe dans son trajet presque parallèle au Nil; les eaux qui ne sont pas employées à ces arrosements pénètrent dans le Fayoum.

On peut aussi supposer que ce canal est une branche naturelle du Nil, et que le travail des hommes n'est intervenu que pour lui ouvrir un chemin dans le Fayoum.

Immédiatement après la ceinture de montagnes que le canal traverse, le terrain de ce vaste entonnoir va en déclinant du côté de l'ouest, et continue ainsi jusqu'au pied de la grande chaîne. Cette pente se modifie, et le plan se brise, ou plutôt se compose de deux plans de pentes opposées, dont l'une incline vers le nord, et l'autre vers le midi. C'est sur leur ligne d'intersection, formant un arrêt, que le canal de Joseph a été continué et arrive à Medynet, ville capitale de la province, située à peu de distance. Là, il se partage en neuf branches, qui forment un épanouissement et amènent les eaux dans toutes les directions sur le terrain constamment en pente. Chacune d'elles a un barrage dont l'élévation est calculée de manière à laisser passer la quantité d'eau proportionnelle à l'étendue des terres qu'elle doit arroser.

Comme on devait se mettre à l'abri de l'effet des très-grandes eaux, le canal de Joseph renferme, dans l'espace compris entre le pont d'El-Haoum, qui est bâti à son entrée dans le Fayoum, et la ville de Medynet, deux déversoirs d'une grande longueur; ils sont placés sur la rive droite, et le trop plein tombe, d'une hauteur assez grande, dans un lit fait à main d'hommes, qui conduit les eaux au Birket-el-Karoun, ou lac de Caron, cunette de cet immense bassin, et réceptacle de toutes les eaux. Ce lit, large et profond, étant habituellement à sec, porte le nom de Bahr-Bela-Ma, qui veut dire fleuve sans eau.

Ainsi on peut regarder comme certain que le Fayoum a été un désert aride jusqu'au moment où le roi Mœris fit exécuter les travaux nécessaires pour y conduire les eaux du Nil. Il n'a point creusé un lac, mais ouvert un chemin par lequel les eaux sont venues remplir le bassin qu'avait disposé la nature. Elles s'élevèrent bientôt à une grande hauteur et formèrent une mer intérieure qu'alimentait chaque année le fleuve, alors plus riche en eaux qu'aujourd'hui ; mais elles laissèrent un vaste espace qui, arrosé toujours avec facilité, devint le point le plus fertile de l'Égypte. C'est cette plaine inclinée, connue anciennement sous le nom de Nome d'Arsinoé, qui compose le Fayoum actuel, dont la fertilité est la même qu'autrefois.

Les eaux du lac s'élevaient jusqu'à une ligne qu'il est facile de reconnaître, et qu'indique la trace qu'elles ont laissée. Il paraîtrait que le niveau est supérieur au fond d'une vallée assez large, placée au nord et dans la direction de Ghizéh, et que c'était par un canal, établi dans cette vallée, que les eaux s'écoulaient et se rendaient dans les environs de Memphis, pour servir aux arrosements.

Voilà la seule manière d'interpréter les récits des anciens, et les localités concordent avec cette explication, que confirmerait sans doute un nivellement régulièrement fait. Mais quant à l'idée que les eaux avaient, par la même ouverture, deux mouvements contraires, suivant l'époque de l'année, c'est une chose tellement absurde, qu'on ne comprend pas que personne ait pu l'admettre. Il a fallu leur creuser une entrée pour qu'elles pénétrassent dans le Fayoum, et elles arrivent dans une plaine dont la pente, et les différences de niveau sont telles, qu'après une chute considérable à l'entrée du canal, les eaux qui se sont précipitées ont encore leur écoulement vers le lac et s'y rendent.

Enfin il est incontestable que leur point d'arrivée est plus élevé que toute la plaine. Elles l'auraient recouverte si elles avaient dû acquérir la hauteur nécessaire pour ressortir par le même point : les villages qui y étaient bâtis, son fameux labyrinthe, enfin le Nome, tout entier, n'auraient pas existé.

Les quantités d'eaux que le Nil conduit à présent dans le lac, lors de sa crue, étant inférieures aux effets de l'évaporation pendant toute l'année, les eaux du lac vont toujours en diminuant, et il arrivera une époque où il se trouvera complétement à sec.

La province du Fayoum a fourni de tout temps des produits d'une nature particulière : elle est plantée d'une grande quantité d'oliviers, et a toujours eu des vignes et fabriqué du vin. On y cultive aujourd'hui le coton, et elle est soumise, pour son agriculture, aux mêmes conditions que le reste de l'Égypte. Une culture particulière au Fayoum est celle des roses, qui y est traitée en grand; c'est là que se fait toute l'eau de rose qui se consomme en Égypte. Cette province a éprouvé cependant, par des causes que j'ignore, une dépopulation plus grande que les autres.

Il reste peu d'antiquités qui soient bien conservées dans le Fayoum; mais on reconnaît l'emplacement de toutes celles qui ont eu une grande célébrité autrefois.

Une pyramide, dont le noyau est en pierre calcaire et l'enveloppe extérieure en briques vertes, existe encore en partie à l'entrée, près du pont d'El-Haoum.

Environ quatre mille toises plus loin est une autre pyramide plus grande, mais de même sorte, attenant à un terrain étendu, couvert de ruines et de débris, où était placé le labyrinthe si renommé.

A trois ou quatre mille toises de ces dernières ruines, au nord de Médynet et près de cette ville, d'autres ruines occupent un espace de trois quarts de lieue de long sur une demie de large, et indiquent où fut la ville d'Arsinoé. Les positions absolues relatives de ces divers points cadrent parfaitement avec ce qu'en disent Hérodote et Strabon ; mais on ne retrouve que des ruines informes.

Le temple connu sous le nom de Qasr-Karoun est situé à peu de distance du lac ; on suppose qu'il a été élevé aux crocodiles : il n'est pas encore entièrement détruit et présente de beaux restes. Le nom de Qasr-Karoun, ou palais de Caron, semblerait indiquer que c'est ici que prirent naissance les fables mythologiques des Grecs sur le passage des âmes de ce monde dans l'autre, et que cette idée leur fut inspirée par le transport des morts aux hypogées, qui étaient situées dans la montagne, au-delà du lac, et le bordent à l'occident.

On trouve beaucoup d'hyènes dans le Fayoum, et la manière dont on leur fait la chasse est assez remarquable pour que je la rapporte, quoique j'aie eu à regretter de ne pouvoir pas en être témoin. Ces animaux, aussi craintifs que féroces, se cachent sous la terre, et vivent dans une grande appréhension des hommes. Quand on a reconnu l'endroit de leur retraite et qu'on s'est assuré de leur présence, un fellah, entièrement déshabillé, mais ayant la main gauche et le bras enveloppés d'un linge épais, y pénètre : dans la main droite il porte une longue chaîne, dont une extrémité forme un collier qui s'ouvre et se ferme à volonté, et l'autre bout demeure hors de la tanière, tenu par ses compagnons de chasse. Au moment où le fellah approche de l'hyène, elle se jette sur lui : il lui présente le bras et la main gauche qu'elle s'efforce de dévorer; alors de l'autre main il la garrotte et aussitôt les gens placés à l'extérieur la tirent à eux. Au moment où elle est saisie, elle perd sa fureur et sa force. Une personne digne de foi m'a déclaré avoir été témoin du succès de cette opération.

Du Caire jusqu'à Beny-Soueyf, je fus frappé des changements progressifs qui se faisaient remarquer dans l'aspect du pays. Les villages qui sont rapprochés entre eux dans le voisinage de la première de ces villes, deviennent toujours plus rares à mesure qu'on s'en éloigne. Ensuite la vallée du Nil se rétrécit constamment, et la partie habitée, ainsi que les terres cultivables, se trouvent le plus souvent d'un seul côté du fleuve, en général du côté de la Libye. Le désert et la chaîne arabique, qui ne se compose que d'une masse de rochers, arrivent presque toujours jusqu'au fleuve ; tandis que la chaîne libyque s'en écarte à une distance qui varie d'une lieue à quatre. Quelquefois cependant la chaîne arabique s'éloigne aussi du fleuve, et la rive droite est habitée et cultivable ; mais c'est une exception rare, et jamais la distance du fleuve à la montagne ne dépasse une lieue. Ainsi on peut établir, comme un fait certain, que la Haute-Égypte fertile est, pour les trois quarts au moins, placée sur la rive gauche du fleuve. Beny-Soueyf est bâti de ce côté.

Cette ville, où nous nous arrêtâmes peu d'instants, s'annonce d'une manière agréable. Les campagnes qui l'environnent sont si fertiles qu'elles doivent influer sur sa prospérité. Beny-Soueyf est d'ailleurs le point d'embarquement, sur le Nil, des produits du Fayoum. C'est la résidence d'un mamour et le centre de l'administration d'une province.

Une fabrique de toile de coton que j'y visitai est parfaitement bien conduite ; elle ressemble à celles que j'avais déjà vues, et réunit tout à la fois un atelier pour carder le coton, une filature et les métiers pour tisser. Elle produit six cents *pics* de toile par jour. Le pic revient au gouvernement, en y comprenant tous les frais d'administration, à trente-six paras, et il le vend cinquante-sept : le bénéfice est donc considérable. Neuf cents ouvriers sont employés dans cette manufacture. Elle marche très-bien; mais les machines de l'établissement de Fouéh sont plus belles.

Une circonstance, qui modifie beaucoup le paysage, me frappa dans cette province, et, à mesure que je remontais le fleuve, le même effet me parut plus remarquable. A compter de ce point, la rive du Nil est tellement élevée, que jamais l'inondation ne peut l'atteindre. Le bord forme un plateau continu, parallèle au fleuve, dont la largeur est de mille toises environ. Ensuite le terrain s'abaisse et forme une pente régulière qui continue jusqu'au pied de la chaîne libyque.

On conçoit la cause de cette disposition du terrain : elle est le résultat des dépôts du fleuve. Lorsque le Nil pouvait couvrir ses bords, les eaux, au moment où elles sortaient de leur lit, étaient chargées de limon qu'elles déposaient en grande quantité sur la surface où elles stationnaient d'abord. A mesure qu'elles s'avançaient dans l'intérieur les dépôts étaient moins considérables, et cette inégalité dans la répartition du limon a dû donner à la plaine l'inclinaison régulière qu'elle a acquise, jusqu'à ce qu'enfin les bords du fleuve soient devenus si élevés qu'ils n'aient plus donné passage aux eaux.

On conçoit également que ces effets ont dû se faire sentir davantage dans la Haute-Égypte que dans l'Égypte moyenne et la Basse-Égypte, parce qu'à mesure que le Nil s'éloigne de ses sources ses dépôts sont moins abondants.

Cet état de choses a entraîné deux conséquences : la première, c'est que les eaux du Nil ne peuvent plus être répandues sur cette partie élevée que par des moyens artificiels : la hauteur des eaux, quelle qu'elle soit, ne dispense pas de les employer ; seulement elle en favorise les effets. La seconde, c'est qu'on a dû faire, perpendiculairement au fleuve, de larges canaux pour que les eaux puissent se répandre sur les terrains situés à un niveau inférieur. Mais comme ces terrains ont une double inclinaison, vers l'ouest et vers le nord, conformément à la pente générale du fleuve, il a fallu construire des digues transversales dans toute la longueur de la vallée, pour soutenir les eaux, leur donner le temps de pénétrer dans la terre, et suspendre ou ralentir leur cours, sans quoi, par leur masse rapide, elles creuseraient des lits momentanés, et bouleverseraient les champs au lieu de les fertiliser.

Les digues sont appuyées d'un côté à la partie élevée des rives du fleuve, où elles viennent à zéro; elles sont plus hautes à mesure qu'elles s'en éloignent; et du côté opposé, elles se terminent à la chaîne libyque. Des ouvertures préparées d'avance donnent passage aux eaux d'un bassin dans un autre, quand leur séjour dans le premier n'est plus utile.

Les digues sont si multipliées, que dans la seule province de Beny-Soueyf il y en a onze parallèles entre elles, sans compter les digues secondaires, qui servent à des usages particuliers et locaux.

Les effets que j'ai décrits des exhaussements causés par les débordements sont si constants, que les bords du canal de Joseph, qui a un cours de trente-six lieues, sont, dans tout leur développement, plus hauts que les inondations, et ne sont arrosés que par des moyens artificiels, comme le bord correspondant du Nil; de manière que dans cette partie il y a deux plans opposés qui se rencontrent dans l'intervalle, et dont la ligne d'intersection forme un bas-fond auquel les habitants donnent le nom de Bahr-Bashen, ou canal du milieu. Les digues transversales s'appuient alors à l'ouest au canal de Joseph, au lieu de s'appuyer à la chaîne libyque.

Nous continuâmes à remonter le fleuve, mais bientôt le vent nous abandonna; il fallut marcher à la corde. Les équipages descendirent à terre et se mirent à traîner nos barques. Triste manière de voyager! On s'associe par la pensée à la fatigue et à la souffrance de ces malheureux matelots, en même temps qu'on admire leur force, leur constance et leur résignation: leur bonne humeur n'est pas même altérée par ce pénible travail; souvent ils l'accompagnent de leurs chants, et le soir les danses lui succèdent.

Quand nous parvînmes au village de Magara il était nuit, et notre arrivée y jeta l'alarme : le pavillon turc que nous portions nous avait fait prendre pour des agents du pacha qui venaient exécuter des levées de soldats. Tous les hommes s'étaient enfuis, les femmes seules étaient restées. Nous avions besoin de provisions : des messages successifs au village furent d'abord sans succès, mais enfin quelque peu d'argent donné aux premiers individus qui parurent rétablit la confiance, et bientôt la familiarité dégénéra en importunité : ce fut une scène des sauvages de la mer Pacifique.

On voit, par la manière dont nous fûmes accueillis à Magara, que le recrutement est redouté, et que le service militaire n'est pas dans les goûts de la population. Cependant, quand les nouveaux soldats ont rejoint leur corps ils se battent avec courage, et, chose remarquable, ces hommes, qui ne sont sortis de chez eux que contraints par la force, procèdent durement et violemment à la levée des conscrits, lorsqu'ils en sont chargés.

La raison de cette répugnance tient à deux causes : des levées trop considérables ont été faites, et la répartition en est injuste et capricieuse ; il n'y a aucune règle fixe, on ne suit aucune mesure régulière. On demande un certain nombre de recrues dans une province : le mamour en fait la répartition entre les arrondissements ; les nazers de même dans les villages, et l'on se présente ensuite pour s'emparer des premiers hommes que l'on rencontre. Ainsi il y a, en se cachant, des chances certaines d'exemption. Pendant ce temps, la levée s'exécute, et la quantité d'hommes à fournir une fois complète, on peut se montrer avec sécurité, jusqu'à ce qu'un autre recrutement oblige, pour s'en garantir, à se soustraire de nouveau aux regards de l'autorité.

D'un autre côté, les chefs des villages, pressés par les ordres supérieurs qu'ils ont reçus, et sous le poids de la responsabilité qui pèse sur eux, cherchent à soulager la population qui dépend d'eux, et pour cela ils emploient quelquefois de singuliers moyens. Ils se mettent en campagne pour enlever des étrangers ;

arrêtant à coups de fusil les barques qui viennent de la Basse-Égypte, ils les forcent à aborder, et prennent tout ou partie de leurs équipages, qu'ils livrent au compte de leurs villages. On ne demande jamais d'où vient l'homme qui est fourni ! suffit que le recruteur l'ait à sa disposition et qu'il puisse lui mettre les fers pour qu'il ne s'échappe pas.

Ainsi une espèce de guerre résulte de la manière de faire les levées et leur donne un véritable caractère d'injustice et de cruauté. Un ordre régulier, une répartition équitable, sont les seuls moyens de faire supporter dans tous les pays cet impôt du sang, le plus nécessaire sans doute, mais aussi le plus dur : l'esprit de résistance diminuerait et finirait par disparaître entièrement, si on procédait avec plus d'équité.

Il y aurait encore un moyen de rendre le service populaire et de créer des ressources plus abondantes au recrutement : ce serait de s'occuper des enfants des soldats, et d'assurer à ces derniers une existence convenable lorsque leurs infirmités les font sortir de l'armée.

Des terres inondées restent sans culture, faute de population : pourquoi le pacha ne les distribuerait-il pas à chaque corps? Elles seraient subdivisées par compagnies et fractions de compagnies : des baraques seraient construites, et l'on y élèverait tous les enfants du régiment, sous la surveillance de femmes chargées de les soigner et de cultiver les terres. Le nombre de celles attachées à un régiment égyptien est tellement considérable que l'on en pourrait prendre pour cela autant qu'il le faudrait, en laissant aux corps toutes celles dont ils ont besoin. Trois ou quatre soldats par compagnie, pris parmi les hommes fatigués, seraient placés à la tête des divisions de culture, et un petit nombre d'officiers et de sous-officiers seraient les chefs de ces villages. Les invalides viendraient les habiter et y finir leur vie.

On calcule qu'il y a de quinze à vingt mille enfants mâles de soldats. Ils vivent aujourd'hui dans l'abandon et la misère, et meurent pour la plupart avant d'avoir atteint âge d'homme. De cette manière, on les conserverait; élevés dans la pensée de la carrière qu'ils doivent suivre, ils en prendraient l'esprit de bonne heure.

Si, à ces dispositions, on ajoutait le paiement de la demi-solde à chacun des enfants, il y aurait, pour les familles, un véritable bien-être et une preuve d'intérêt qui feraient envier leur sort. La culture serait bornée à la production des récoltes les plus simples, à celles nécessaires à leur subsistance, et on pourrait les affranchir du monopole. Les sacrifices pour le pacha se réduiraient à donner des terres incultes qui ne produisent rien aujourd'hui, et à une dépense de quatre à cinq cent mille francs. Comme avantage à en retirer, il y aurait une augmentation de population, des soins pour les anciens serviteurs dans leur vieillesse et leurs infirmités. Cela produirait un grand effet moral; le service militaire serait encouragé, et un recrutement assuré fournirait annuellement à l'armée un grand nombre d'individus de choix, animés d'un excellent esprit, et particulièrement propres à faire de bons sous-officiers.»

Le 15 novembre, nous éprouvâmes les mêmes ennuis dans notre navigation : le vent fut contraire, ou bien nous eûmes du calme. Nous descendîmes à terre au village de Tcharon pour visiter les ruines de l'ancienne ville de Cynopolis. Il y a peu d'années, on y voyait encore un temple, mais toutes ces ruines ont été démolies et les matériaux de quelque valeur ont été enlevés par ordre d'Achmet-Pacha, gouverneur de la Haute-Égypte, qui les a fait servir à des constructions privées.

L'examen du lieu où le temple était bâti ne nous présenta rien d'intéressant, et nous retournâmes à nos barques. Nous vîmes pour la première fois une bande d'oies, qui sont nombreuses dans ces parages : elles nageaient paisiblement dans le fleuve, et nous laissèrent approcher sans défiance. Nous les tuâmes presque toutes : c'est un gibier délicieux et ce secours vint bien à propos pour améliorer nos repas, car l'Égypte offre peu de ressources au gastronome. Cet oiseau répugne à voler ; on le poursuit sur l'eau sans qu'il se décide à en sortir ; quand il est trop pressé, il plonge et reparaît à une grande distance. Forcé de le tirer ainsi, on a de la peine à l'atteindre, parce qu'il n'expose presque jamais que sa tête aux coups des chasseurs.

Nous arrivâmes à Abougirgé. Ayant déterminé les hauteurs comparatives de cet endroit et de Beni-Soueyf, je trouvai six mètres de différence : ainsi le Nil a, dans cette partie de son cours, une pente d'environ trois pieds par lieue.

Le 16 novembre, le vent étant revenu, nous fîmes bonne route. Nous passâmes sous la montagne appelée montagne des oiseaux. C'est un rocher à pic qui borde la rive droite du fleuve. Son élévation est de plusieurs centaines de pieds : d'innombrables ouvertures servent de retraite à une très-grande quantité d'oiseaux de différentes espèces, qui y font leurs nids et paraissent y résider toute l'année. Les plus nombreux sont les oiseaux pêcheurs; et, comme le Nil est très-poissonneux, ils trouvent amplement à se nourrir. La présence de ces animaux a fait donner à la montagne le nom qu'elle porte.

D'autres habitants ont fixé leur demeure à sa sommité : un couvent de pauvres moines cophtes y est établi. Ils vivent d'aumônes, et la maison qu'ils habitent a toutes les apparences de la plus grande misère. Au moment où ces moines aperçoivent une barque, deux ou trois se montrent sur le bord de l'escarpement et, avec des voix de stentor, ils invoquent la la charité des voyageurs. Quand ils se sont fait suffisamment remarquer, ils descendent par un escalier étroit, et, arrivés sur le bord de la rivière, ils se dépouillent de leurs habits et viennent à la nage tourner autour des bateaux et renouveler leurs prières. Rarement on leur refuse quelques pièces de monnaie. Une fois satisfaits, ils descendent le cours du fleuve et abordent au pied d'un second escalier par lequel ils remontent à leur couvent. S'ils prenaient mal leurs mesures, ils seraient obligés, ou de traverser le Nil, ou de descendre à une très-grande distance, pour trouver un point abordable; car la rive droite forme un immense mur à pic. Je ne connais pas de vie soumise à des conditions plus misérables.

C'est à ce point du Nil que l'on commence à rencontrer des crocodiles. Jamais, ou presque jamais, il n'en vient plus bas, et leur nombre s'accroît à mesure que l'on remonte le fleuve. Ces animaux ont besoin d'une température très-élevée : des bancs de sable que l'eau laisse à découvert, des îles dont les bords sont en pente douce, des atterrissements qui, du bord du fleuve, s'avancent dans son lit et présentent un plan incliné, toutes les expositions les plus chaudes sont les lieux qu'ils choisissent pour se reposer et dormir. Vers neuf heures du matin, ils sortent de l'eau, se placent aux rayons du soleil, et restent ainsi stationnaires jusqu'à trois heures après midi ; alors ils rentrent dans le Nil. Nous en vîmes un qui était à trop grande distance pour qu'il fût possible de le tirer; les jours suivants, nous en aperçûmes aussi, mais toujours en petit nombre : le Nil était encore trop plein pour qu'ils trouvassent facilement des points de station à leur goût. A Thèbes seulement nous pûmes en voir de près et leur faire la chasse.

Le 17, nous arrivâmes à Minieh par un bon vent. Nous nous arrêtâmes pour visiter cette ville assez considérable, où réside un mamour : son aspect est embelli par un très-grand bâtiment dans lequel une fabrique de coton est établie, et que précède un jardin sur le bord du Nil. Cette fabrique ressemble à toutes celles que j'avais visitées à Beni-Soueyf, à Boulaq, à Fouéh, et donne des résultats pareils.

Il y a une école à Minieh, de même que dans toutes les villes un peu considérables; toutefois un incident dont je fus témoin prouve que l'enseignement y est peu goûté. Une mère se présenta pour voir son enfant; on le fit sortir pour la satisfaire, mais elle voulut l'emmener, et comme on s'y opposait, elle poussa des cris perçants, et l'on fut obligé d'avoir recours à la violence pour conserver cet enfant à ses minces études.

C'est au-dessus de Minieh que l'on commence à trouver la culture des cannes à sucre exécutée en grand. Dans la Basse-Égypte on les cultive aussi, mais non pas pour faire du sucre : elles sont portées au marché et consommées vertes par les habitants peu riches. Ici, c'est le produit principal du canton.

Voici comment on cultive les cannes à sucre dans la Haute-Égypte.

Pendant l'hiver on donne un labour profond et l'on fume les terres, soit avec des matières nitreuses, soit avec de la fiente de pigeon. Au mois de mars, on couche les cannes, qu'on enterre à six pieds de profondeur, et l'on arrose à reprises successives suivant les besoins.

Dès le mois de novembre, on coupe les plants les plus mûrs ; les autres en décembre, janvier et février, à mesure qu'ils arrivent à la maturité.

Lorsque les roseaux sont très-vigoureux, on les laisse une seconde année; mais quand ils sont faibles on les arrache pour les remplacer par une autre culture. C'est ordinairement le doura qui leur succède.

Un feddam, bien cultivé, doit donner vingt quintaux de sucre brut. Il y a ici deux observations à faire : la première, c'est que les produits s'obtiennent beaucoup plus promptement en Égypte qu'aux Antilles, puisque la récolte est faite au bout de neuf, dix et onze mois de culture, tandis qu'en Amérique elle n'a lieu qu'après seize mois; la seconde, que les quantités de sucre que l'on retire en Europe de la betterave sont plus considérables et plutôt obtenues. Un demi-hectare, dont la surface est un peu inférieure à celle d'un feddam, donne, en terres de choix bien cultivées, au bout de six mois, quarante-cinq mille livres de betteraves qui rendent six pour cent en sucre, ou vingt-sept quintaux.

Les fellahs, qui ont cultivé les cannes, sont tenus de fabriquer le sucre; ils le livrent brut au pacha, qui le fait raffiner ensuite à l'établissement qu'il possède au village de Radamont.

J'ai visité les fabriques des paysans; il faut les avoir vues pour s'en faire une idée : on ne comprend pas comment on parvient, par de tels procédés, à obtenir le moindre produit.

Deux cylindres en bois, mus par un engrenage, comme des paysans égyptiens savent le faire, et mis en mouvement par deux bœufs, écrasent les cannes; le jus tombe dans une jarre, d'où il coule dans une chaudière dont le fond est en fer et les parois en briques. Un fourneau est placé au-dessous, et on fait du feu pour évaporer : quand le jus a la consistance d'une pâte, il est mis dans des formes. Il donne trente-trois pour cent de bon sucre, le reste est de la moscouade et de la mélasse.

Les ateliers sont en plein air et ne sont couverts que par des cannes de maïs, pour mettre à l'abri du soleil.

Le sucre est de trois qualités. Le pacha le paie, le quintal poids de marc, savoir : la première qualité, quatre-vingt-dix piastres; la seconde, soixante-deux; et la troisième, quarante-neuf : c'est-à-dire vingt-deux francs dix sous, quinze francs dix sous, et douze francs cinq sous.

J'allai voir la raffinerie de Radamont : elle est grande, bien entendue et sans luxe. La distillerie est belle aussi, mais le sucre raffiné est assez médiocre, attendu que le préjugé empêche de faire usage du sang de bœuf ou de charbon animal.

Il sort de cet établissement environ seize mille quintaux de sucre chaque année, et dix à douze mille de rhum. Il est dirigé par un Corse, nommé Antonini, qui l'a établi il y a dix-sept ans.

On emploie, comme combustible, les cannes de blé de Turquie : on m'en a montré de quatorze à quinze pieds de hauteur.

Le 20 novembre, nous continuâmes notre route, les bateaux étant traînés à la corde, et nous avançâmes lentement. Nous avions rencontré des barques chargées de recrues, qui avaient été faites, à main armée, par les habitants riverains : on les dirigeait sur le Caire.

La Haute-Égypte trompait beaucoup mon attente : elle ne représente pas le tiers de l'Égypte dans sa richesse et ses produits. C'est la Basse-Égypte qui est une mine inépuisable.

Immédiatement au-dessus du village de Cosseïr, nous vîmes une multitude d'ouvertures régulières pratiquées dans la montagne : ce sont des hypogées qui renferment encore une quantité innombrable de momies d'hommes et d'animaux. Cependant l'ancienne Égypte n'avait pas de ville importante à portée. Il est probable que la sûreté du lieu et son élévation, semblant être une garantie pour la conservation des corps qui y étaient déposés, avaient décidé à en faire la nécropole d'un pays très-étendu.

C'est un examen digne d'intérêt que celui de la pensée qui a présidé à ce mode d'inhumation. L'idée d'une résurrection, au bout de six mille années, paraît l'expliquer suffisamment pour les hommes; mais quels motifs pour prendre un semblable soin à l'égard des animaux? A-t-on voulu entourer chaque individu des animaux qui étaient l'objet de ses affections? Alors, pourquoi omettre ceux qui devaient lui être les plus chers? Jamais on n'a reconnu des momies de chien et de cheval. Si leur exclusion était l'effet d'une mesure sanitaire, pourquoi ne pas l'étendre à tous? Parmi ceux que l'on conservait on a trouvé un nombre immense d'animaux malfaisants : il n'y a, par exemple, rien de plus commun que de voir des crocodiles. Étaient-ils regardés comme des dieux, et était-ce un hommage qui leur était rendu, comme on peut le supposer pour les Ibis?

Quelle que soit l'explication à laquelle on s'arrête, elle choque la raison et le bon sens. Mais, quand on a étudié l'histoire des hommes, il faut bien convenir que la raison et le bon sens ne sont pas la règle la plus habituelle de leur conduite.

Nous passâmes au-dessous de la montagne d'Afulfeda; en cet endroit le Nil est extrêmement étroit, sa largeur est au plus de cent cinquante toises. C'est un lieu renommé pour la quantité de crocodiles qu'on y rencontre : nous en vîmes un fort près à la nage.

Enfin le vent nous favorisa, et le 22 nous arrivâmes à Montfalout. Cette ville, comme toutes celles de l'intérieur de l'Égypte, excepté le Caire, n'est qu'un grand village, remarquable par une population assez considérable. Il y a beaucoup de mouvement ; c'est la résidence d'un nazer. A ce point, la vallée du Nil s'élargit, les deux chaînes s'éloignent, et elle devient très-belle.

Le général Desaix eut à Beny-Adin, près de la chaîne libyque, un brillant succès contre les mamelouks : il enleva en entier une caravane qui venait du pays de Darfour.

Le pays reste toujours également beau jusqu'à Syout, où nous entrâmes le soir. Cette ville est journellement le théâtre d'un acte horrible, que proscrivent également l'humanité et la civilisation; c'est à Syout que se fait l'opération cruelle qu'un usage barbare et une jalousie effrénée ont consacrée pour la sûreté des harems. Trois cents individus mutilés en sortent chaque année, et une centaine de victimes y trouvent la mort. Ce sont des moines cophtes qui se livrent à ces soins odieux. Syout est aussi le lieu d'un grand commerce d'esclaves des deux sexes. C'est là que demeure le moudir de l'Égypte moyenne.

Le pays est d'une grande richesse, et ce vaste bassin est un des plus beaux de l'Égypte. La ville a un caractère qui lui est particulier; elle est ornée par un superbe palais qu'Ibrahim-Pacha, anciennement gouverneur de la contrée, y fit bâtir, et par une très-belle mosquée qu'Achmet-Pacha, qui le remplace, a fait construire; le minaret, fort élevé, produit à l'œil un effet imposant.

Au-delà de Syout, la chaîne arabique se rapproche de nouveau du fleuve, et devient plus haute et très-escarpée; elle s'éloigne quelquefois, mais revient promptement. Il y a, de distance en distance, des déchirements qui donnent passage aux vents, qui, en raison de la température élevée du bord du fleuve, tombent de tout leur poids, et sont fort impétueux. C'est le même phénomène que présente *la bora* sur la côte orientale de la mer Adriatique, à Trieste et en Dalmatie, où elle est l'effroi des navigateurs. Ici, le vent d'est est très-redouté; il souffle par raffales, et les bateliers n'approchent de Kaoum et de Tahta qu'avec peu de voile et beaucoup de précautions.

Dans cette partie, la chaîne libyque s'éloigne et enveloppe un vaste bassin, au milieu duquel se trouve Tahta, chef-lieu d'une province. Elle se rapproche ensuite, et son extrémité, qui se nomme la Montagne du Diable, fait courir aux navigateurs, sur la rive gauche, les mêmes dangers que les vents de la rive droite leur ont fait éprouver sous la montagne d'El-Kaoum.

Le vent nous était favorable et nous marchâmes pendant la nuit du 23, mais avec prudence et circonspection.

Le 24 au matin, nous arrivâmes en face de la magnifique île d'Aoui, un des lieux les plus fertiles du monde, et dont les habitants tirent un admirable parti. Les deux chaînes de montagne prennent un nouveau caractère; elles sont sensiblement plus hautes et plus raides dans leurs pentes, et également dépouillées. Celle arabique, constamment sinueuse, s'approche du fleuve, s'en éloigne, y revient pour s'éloigner de nouveau, et présente l'aspect d'une succession de golfes. La chaîne libyque est éloignée, et, quoique son élévation la fasse paraître assez proche, il faut, de ce point, cinq heures de marche pour y parvenir. La vallée est de la plus grande magnificence et le fleuve toujours également majestueux.

Nous vîmes à Nourah les premiers *dômes* qui deviennent communs ensuite : ce sont des arbres de la famille des palmiers, moins beaux et moins élancés que ceux-ci, et sur lesquels croît une espèce de cocos. Les Arabes boivent la liqueur que ces fruits contiennent et mangent l'écorce, qui est assez dure, mais fort sucrée. Ces dômes ne valent cependant, ni par leurs produits, ni pour la vue, les élégans palmiers, dont les fruits sont si abondants et si recherchés. A peine un dôme donne-t-il la sixième partie de ce que l'on obtient d'un palmier ; seulement le bois est plus compacte, plus dur et meilleur pour les constructions.

Je retrouvai dans cette partie de l'Égypte, ce qui a disparu de la basse et l'ornait beaucoup, une multitude de colombiers placés sur les principales maisons de chaque village ; seulement l'architecture en est différente. Les colombiers, au lieu d'être en forme de tours rondes, ont celle de tours carrées, avec un léger talus ; la partie supérieure, terminée par des créneaux, leur donne l'apparence de fortifications et de postes défensifs.

Le 25 novembre nous arrivâmes dans la matinée à Fahr ; le pays redevient pauvre, misérable, inculte et désert. Nous voyions alors fréquemment des crocodiles.

Le soir de ce même jour, nous étions à Kénéh, l'ancienne Néopolis. Cette ville est fort importante : elle est le point habituel de communication de la Haute-Égypte avec la côte d'Arabie. Une route conduit à Cosseïr, ou l'on trouve de l'eau douce, au moyen de trois puits artésiens que le pacha a fait creuser et dont les deux premiers n'ont que douze pieds de profondeur, tandis que le troisième en a quarante-cinq.

Cosseïr est le port de cette côte, un point de relâche pour les bâtiments qui entrent dans la mer rouge, par le détroit de Babel-Mandel, et vont à Suez, ou qui ont une marche inverse. Le bateau à vapeur, qui une fois par an vient de Bombay à Suez, y touche toujours, et à son retour il prend les voyageurs anglais qui se rendent dans l'Inde. C'est de là que se font les expéditions, pour l'Arabie, des produits de l'Égypte, en grains, riz, etc., et qu'arrivent les cafés de Moka. C'est aussi la route que suivent beaucoup de pèlerins, qui remontent le Nil; ils quittent le fleuve à Kénéh, et vont s'embarquer à Cosseïr pour Djedda; de Kénéh à Cosseïr, les caravanes mettent quatre jours et demi.

Ce fut par Cosseïr et Kénéh qu'une armée de Méquains arriva dans la vallée du Nil, pendant l'expédition d'Égypte. Mais le général Désaix eut bientôt fait justice de ses hostilités et vengé les désordres momentanés que son apparition avait causés.

Il y a à Kénéh une manufacture de toile de

coton, comme dans toutes les villes un peu considérables de l'Égypte, et celle-ci est placée dans un bâtiment d'une très-grande beauté; mais! sa beauté est payée trop cher, car cette fabrique est bâtie avec des matériaux provenant des dépendances du temple de Denderah, qui est voisin de Kénéh. Aujourd'hui cette espèce de sacrilége ne se renouvellerait plus; les ordres de Méhémet-Ali l'ont interdit. Les mesures de conservation qu'il a prises et qui l'honorent, doivent nous faire rougir pour les mœurs de la chrétienté dans les siècles qui viennent de s'écouler; car nous ne devons pas oublier que le Colisée, à Rome, a fourni les matériaux des palais Farnèse et de Venise; et la coupole du Panthéon les bronzes du baldaquin de Saint-Pierre.

C'est à Kénéh que se font les vases poreux dont on se sert dans toute l'Égypte, pour faire rafraîchir l'eau. L'argile, qu'on trouve aux environs, est très-pure et parfaite pour cette fabrication. Ces vases sont liés ensemble et on en forme des radeaux considérables, qui descendent le Nil, et dont la partie inférieure est composée de grandes jarres également en terre et bouchées à leur orifice. D'autres fois on les charge sur des bateaux qui présentent l'aspect de montagnes mouvantes.

Le moudir de la Haute-Égypte était absent; mais prévenu de mon passage, il avait donné les ordres convenables : aussi les autorités ne négligèrent-elles rien pour me bien recevoir. Un commerçant turc, nommé Saïd-Hussein, qui réside à Kénéh, est revêtu du titre d'agent consulaire d'Angleterre. Il s'occupa d'une manière particulière de m'être utile : c'est un homme d'un âge avancé et qui se souvient parfaitement de la présence des troupes françaises dans le pays. Il me parla avec respect du général Désaix, que le peuple égyptien avait appelé « le sultan juste. » Désaix était digne de ce surnom, que devraient ambitionner, avant tout, ceux qui sont revêtus de fonctions publiques ; car c'est dans l'intérêt de tous et de chacun que le pouvoir est remis entre leurs mains. Il me parla aussi avec estime du général Belliard, qu'il avait beaucoup connu. Saïd-Hussein me parut avoir de l'intelligence : je le questionnai sur une multitude d'objets divers, et parmi ses réponses une entre autres me frappa beaucoup ; c'est que le climat de la Haute-Égypte avait changé, et qu'il avait entendu dire à son père et à son grand-père qu'autrefois il y pleuvait, et que les coteaux n'étaient pas dépouillés comme à présent. Je note seulement cette observation, pour la rappeler plus tard, quand j'aurai rassemblé assez de faits pour en tirer des conséquences décisives.

A Kénéh, nous étions arrivés aux portes de Thèbes : peu d'heures de navigation devaient nous y conduire.

Le 26 novembre au matin, nous nous mîmes en route, naviguant au milieu d'un pays redevenu magnifique, d'une vallée large et fertile, et à travers des champs de cannes à sucre, des bois de dômes, et d'immenses prairies qui succédaient à l'inondation. Nous ne pûmes pas prendre terre le jour même, à cause du vent contraire. Mais enfin, le 27 au matin, nous abordâmes à Gournah, village compris dans l'espace que Thèbes occupait, et qui est aujourd'hui le point habituel de relâche des bateaux qui remontent le Nil.

Le bassin que je venais de traverser donne l'idée d'une fertilité admirable. Près de Thèbes, les chaînes de montagnes se rapprochent; mais elles sont, dans leur partie la plus voisine, à une distance suffisante l'une de l'autre pour qu'il reste encore entre elles l'étendue nécessaire à une très-grande ville. On peut juger de ses dimensions anciennes par le terrain compris entre les temples et les palais encore existant, ou dont on voit les ruines.

Le premier aspect des lieux semble indiquer que ces monuments, qui dépassent tout ce que l'imagination peut concevoir, et semblent d'une exécution au-dessus des forces humaines, n'étaient entourés que d'habitations misérables. Car non-seulement il ne reste point de débris qui indiquent un peu de magnificence; mais encore il n'y a aucun de ces exhaussements de terrain que la démolition des maisons les plus communes amène nécessairement. Les ruines des temples et des palais sur les deux rives du fleuve, une masse de décombres d'une cinquantaine d'arpents qui s'appuient à l'un des côtés de Karnak; une vaste enceinte, dont les reliefs enveloppent tout le système des palais de Karnak, et l'immense ruine de même espèce située au sud-ouest, et qui a la forme d'un carré long, que la commission d'Égypte suppose avoir été un hippodrome, et M. Champollion, un établissement militaire; telles sont les seules traces visibles que l'antiquité ait laissées sur l'emplacement de Thèbes; le surplus du terrain est si bas, que les inondations du Nil le couvrent chaque année.

C'est sur la rive gauche du Nil qu'était placée la plus grande partie de la ville. Voici dans quel ordre se trouvent, de ce côté, les palais dont on voit les restes, à partir du lieu où le village de Gournah est situé :

1° Un palais construit par le pharaon Ménéphtath Ier, père de Rhamsès-le-Grand (Sésostris);

2° A trois quarts de lieue plus loin, en remontant le fleuve et se rapprochant de la montagne, on trouve le Memnonium ou palais de Memnon, connu des anciens Égyptiens sous le nom d'Aménophion, d'Aménophi, son fondateur;

3° A un mille plus loin, et plus près encore de la montagne en marchant au nord, on voit le Rhamseïon, bâti par Sésostris;

4° En tournant au sud-ouest, à une demi-lieue, on voit le Rhamsès-Méiamoun : c'est là qu'est le village de Medynet-Abou ;

5° Enfin, en continuant au sud, on arrive en un quart d'heure à une immense enceinte qui forme un tout complet, et présente aujourd'hui des reliefs élevés et réguliers.

En ajoutant à ces ruines trois petits temples qui sont à portée des deux derniers palais, on aura l'indication sommaire de tous les monuments dont on voit les débris dans cette partie de Thèbes : ils indiquent à peu près les limites de la ville de ce côté.

Sur la rive droite, et sur le bord du fleuve

était un palais immense composé de plusieurs parties : on y trouve aujourd'hui les nombreuses cabanes du village de Louqsor.

A trois quarts de lieue plus bas, en descendant le Nil, mais en s'en éloignant, on voit le plus grand de tous les palais, celui de Karnak, dont une description ne peut donner l'idée. Il est lui-même environné d'une suite de palais qui ajoutent à l'espace qu'il occupe, et ens ont comme les dépendances.

A peine étions-nous arrivés à Gournah que nous commençâmes nos courses sur la rive gauche. J'allai d'abord visiter le palais le plus voisin, bâti par le père de Sésostris et consacré par celui-ci. Il est d'un style pur, d'une dimension médiocre. On le comprend comme habitation : il paraîtrait grand, et serait remarquable partout ailleurs qu'à Thèbes. Mais là où tout est dans des dimensions prodigieuses, on ne l'admire qu'à cause de la correction de son architecture et de ses belles proportions. Il a été entièrement terminé et a reçu les ornements qui expliquent son histoire, et que le savant Champollion a interprétés pour nous. D'autres ornements y furent ajoutés par Ménéphtath II, fils et successeur de Rhamsès-le-Grand, et par Rhamsès-Meamonium, chef de la dix-neuvième dynastie.

Nous nous rendîmes de là au Rhamseïon. La commission d'Égypte lui a donné le nom de tombeau d'Osymandias, et M. Champollion pense que c'est le même bâtiment dont Diodore de Sicile fait la description et qu'il appelle le monument d'Osymandias, mais qu'il a été certainement construit par Sésostris. Sa vue frappe d'admiration : son style est un des plus beaux, ou, pour mieux dire, le plus beau de tous les palais de Thèbes. Mais c'est un de ceux où la destruction a exercé le plus de ravages. Les restes qu'on retrouve encore ont cette dignité majestueuse qui appartient à l'architecture égyptienne, et en outre, une sorte d'élégance et de grâce qui lui est particulière. On ne peut pas juger de l'étendue de ce monument, parce qu'il est détruit dans sa plus grande partie, et parce que les matériaux provenant des démolitions ont été enlevés pour servir à d'autres constructions. Le colosse qui représente Sésostris, et deux autres moins grands, sont brisés ; ils sont de granit gris. Le colosse principal avait plus de quarante pieds de hauteur et était d'un seul morceau. Il a fallu une grande énergie de volonté pour commettre cette espèce de sacrilége à une époque où de pareilles dévastations étaient plus difficiles qu'aujourd'hui.

Je ne puis, après les excellents livres qui ont été écrits sur ces monuments, avoir la pensée d'en faire la description. Ceux qui veulent les bien connaître doivent lire l'ouvrage de la commission d'Égypte, et surtout les admirables publications de Champollion, qui a dévoilé avec tant de sagacité et de génie les mystères de l'antiquité égyptienne ; je me bornerai à donner un aperçu de ce qui m'a le plus frappé.

Le premier pylône du Rhamseïon est formé par une masse de maçonnerie de deux cent quarante pieds de long, d'une épaisseur de trente pieds et d'une élévation de plus de soixante (1). Au milieu est une porte que sa grande élévation fait paraître étroite, et dont l'ouverture dépasse cependant dix-huit pieds. La largeur du palais était égale a la longueur du pylône; mais il manque plus de la moitié du massif de droite.

Une autre ouverture correspondait à la première, et une suite de portes, en ligne droite, donnait le moyen de juger d'un coup d'œil toute l'étendue du palais. Cette seconde entrée était formée de deux pylônes, à droite et à gauche, couverts intérieurement de cariatides colossales, et les constructions réunies composaient un superbe et vaste propylée (2).

En arrière de la seconde entrée était le grand colosse; en face des cariatides des colonnes, de huit pieds de diamètre. Ensuite un espace vide formait comme la cour du colosse; puis ve-

---

(1) Pylône : édifice à quatre faces qui se trouve presque toujours à l'entrée d'un monument égyptien.
(2) Propylée : péristyle à colonnes en avant d'un temple.

naît le bâtiment du palais proprement dit, composé d'une longue suite de pièces. Les murs étaient ornés d'hiéroglyphes, et l'intérieur rempli d'une multitude de colonnes, qui en occupaient plus du tiers.

La dernière division paraît avoir dû être une bibliothèque. Il est probable que le bâtiment se prolongeait beaucoup au-delà : ce qu'on voit fait reconnaître une longueur de cinq cent vingt-huit pieds. On retrouve encore aujourd'hui soixante-dix colonnes ou cariatides colossales adossées à des piliers carrés, et il y en avait évidemment au moins trois fois davantage dans l'espace resté vide, qui ne pouvait être occupé que par des constructions de ce genre.

Le Rhamseïon, quoique du même style que les autres monuments égyptiens, a un caractère d'élégance qui lui est propre; mais dans le temps même où il existait dans son entier, sa masse était bien inférieure à ceux dont je vais parler.

Nous allâmes après visiter l'emplacement,

plutôt que les ruines, du Memnonion, appelé aussi Aménophonion. Ses débris sont dispersés et ont été détruits ou emportés pour la plus grande partie ; mais l'étendue qu'il occupait est immense, et on ne peut pas l'évaluer à moins de deux cent cinquante ou trois cents toises de longueur. On le reconnaît à une élévation que les dépôts du Nil ont nivelée, et dont la surface est remplie d'une multitude de bas-reliefs, de tronçons et de fûts de colonnes, d'architraves, de débris de colosses, plus ou moins enterrés.

Deux énormes colosses assis, de soixante pieds de haut, sont encore en place ; ils sont à l'entrée de ces ruines, et dominent toute la plaine de Thèbes. L'un des deux est composé de plusieurs blocs réunis, l'autre d'un seul (1). Celui de droite avait une grande réputation dans l'antiquité ; c'est lui qui rendait des sons chaque matin au moment du lever du soleil. Il est couvert d'inscriptions écrites en grec par des gens

(1) Ce monolithe est du poids de sept cent cinquante mille kilogrammes.

qui déclarent avoir été témoins du phénomène. Maintenant on l'explique d'une manière naturelle et satisfaisante. On sait que deux corps de densités inégales, mis en contact et différemment échauffés, éprouvent, dans certaines circonstances, une vibration qui engendre des sons. Le hasard avait sans doute réuni dans la construction de cette statue les conditions nécessaires pour produire cet effet. Comme elle avait été dégradée par les ravages du temps, l'empereur Adrien la fit restaurer, et elle perdit la sonorité qui l'avait rendue célèbre.

J'allai voir ensuite les ruines, beaucoup mieux conservées, qui sont au village de Médynet-About (1). Elles se composent d'une énorme masse de bâtiments, qu'on peut diviser en deux parties : l'une égyptienne, grecque ou romaine.

Le palais, supérieur au Rhamseïon par son

---

(1) D'après la commission d'Égypte, le développement du palais de Médynet-Abou est de seize cents mètres.

étendue, fut bâti par le pharaon Rhamsès-Meïamoun, quatrième successeur de Sésostris, conquérant comme lui, et qui, comme lui, avait rempli l'Asie du bruit de ses armes. Les murs et les chambres sont revêtus de bas-reliefs représentant les actes de sa vie et ses triomphes.

Les noms de Ptolémée-Soter, d'Adrien et d'Antonin-le-Pieux sont placés sur les constructions accolées à ce bâtiment. Un édifice porte sur sa façade le nom de l'Éthiopien Tharaca, et un petit palais, celui de Toathmosis III, ou Moëris.

Les propylées d'Adrien et d'Antonin ont le caractère d'une architecture mitigée, et qui se rapproche de l'architecture grecque. Sur des matériaux qui ont servi à leur érection, on lit le nom de Rhamsès-le-Grand, ce qui fait supposer qu'ils ont été tirés du Rhamseïon.

M. Champollion a trouvé, dans cette masse de débris et de bâtiments, un tableau abrégé de l'histoire égyptienne. En les étudiant avec attention, ils rappellent les plus grands souvenirs historiques, et montrent l'état des arts de l'Égypte à différents âges. On y trouve réunies des constructions faites par les premiers rois de la dix-huitième dynastie, le temps le plus glorieux de l'Égypte, celui du grand Sésostris; un vaste palais de l'époque suivante, dont les inscriptions parlent des conquêtes des chefs de la dix-neuvième dynastie; un édifice du règne des Éthiopiens; une autre construction d'un prince qui avait brisé le joug des Perses; un propylône de la dynastie grecque des Ptolémée; des propylées de l'époque romaine; enfin, dans la cour d'un des plus anciens palais, les débris d'une église chrétienne.

On a peine à comprendre quelle était la manière d'habiter ces immenses palais; car, malgré leur étendue, ils ne se composaient que de quatre ou cinq pièces. Partout on reconnaît que la vie politique était mêlée intimement à la vie religieuse, l'esprit religieux même y domine; on voit que là où siégeait la grandeur humaine, apparaissait aussi l'image de la grandeur céleste, et que le culte faisait partie du gouvernement. Ce n'étaient pas les prêtres Égyptiens qui gouvernaient; mais le roi était le premier ministre de la religion, puisqu'on le reconnaissait comme fils de la Divinité et qu'on le traitait comme tel; les prêtres n'étaient que ses agents et il les entourait d'honneurs. Aussi, les temples et les palais sont confondus dans toutes les constructions, et les rois habitaient les temples.

En vue, et à quelque distance du palais que nous venions de visiter, est l'enceinte en briques vertes dont j'ai parlé d'abord; elle forme un parallélogramme rectangle, et son élévation est assez considérable pour autoriser à croire que ces débris résultaient d'une masse de bâtiments qui formèrent une enceinte régulière et un tout isolé et indépendant.

A la dimension près, qui est beaucoup plus grande (.), c'est la répétition de ce que l'on

(1) La commission d'Égypte indique ainsi la dimension de ces ruines : longueur, deux mille cinq cents mètres; largeur, neuf cent quatre-vingt-huit; surface, deux cent

voit à Saïs, dans la Basse-Égypte. M. Champollion dit que cette enceinte enveloppait les palais de Medynet-Abou ; mais je ne le crois pas, car ils sont en dehors de l'espace qui est renfermé. Peut-être était-ce une dépendance à part de l'habitation royale. Ce pouvaient être des jardins : la plaine est assez basse, et si elle avait reçu des constructions, leurs débris l'auraient exhaussée ; ou bien c'était un établissement pour des troupes qui se trouvaient là réunies, isolées, sous l'action d'une surveillance facile, et avaient une place d'armes pour manœuvrer.

Un petit temple est placé derrière, et près de l'Aménophion : il est de la plus admirable conservation et d'une architecture élégante et gracieuse. La commission d'Égypte avait jugé que c'était un temple d'Isis. M. Cham-

---

trente et un hectares (sept fois la superficie du Champ-de-Mars, à Paris) ; exhaussement au-dessus du sol, deux mètres. Trente-neuf ouvertures existent, à des distances régulières.

pollion a reconnu qu'il fut élevé à la déesse Hactor (la Vénus égyptienne) par Ptolémée-Soter II. Toutes les parois sont couvertes de bas-reliefs de la plus belle exécution. La dédicace est faite au nom du roi, de sa femme et de ses fils.

Nous rentrâmes fort tard à nos barques, très-contents d'une journée si remplie d'intérêt, et que nous avions si bien employée.

Le 28, nous allâmes visiter les tombeaux des rois, dans la vallée de Biban-el-Molouk. Il paraît qu'elle contient ceux des souverains des dix-huitième, dix-neuvième et vingtième dynasties.

Cette vallée étroite est située immédiatement en arrière du contrefort le plus voisin des palais dont je viens de parler. Pour s'y rendre, on suit le lit de cailloux roulés d'un torrent desséché. Dans quel temps les eaux ont-elles marqué ainsi leur passage? C'est ce qu'il est difficile de déterminer; mais ces vestiges sont un indice certain qu'il y a eu une époque où un grand mouvement d'eaux torrentueuses a existé, et que le climat de ce pays a subi des changements considérables. Les faits que je consignerai plus tard en apporteront de nouvelles preuves.

Fermée à sa partie supérieure, cette vallée forme un bassin resserré et complétement isolé. L'ouverture par laquelle on y pénètre a été l'ouvrage des hommes. A commencer de ce point, on voit l'entrée des hypogées, et l'on reconnaît les divers lieux où le rocher a été ouvert et creusé pour disposer les sépulcres royaux. Le nombre est de vingt-quatre : nous en avons visité plusieurs. C'est un travail prodigieux, d'une grande magnificence, et auquel se rattachent de graves et solennelles idées. Des escaliers de quarante, cinquante, et soixante marches, de pentes douces et régulières, conduisent aux parties les plus basses. Des salles sans symétrie se succèdent; des hiéroglyphes et des bas-reliefs peints, de la plus grande beauté, couvrent leurs parois, et après avoir franchi une entrée, d'abord fort simple, on arrive par degrés à la chambre sépulcrale, qui est quelquefois dorée : elle est haute de trente pieds et d'une dimension correspondante en longueur et en largeur.

Le tombeau d'un roi était commencé le jour même où il montait sur le trône, et continué jusqu'à sa mort. Aussi des dessins sans couleur, des esquisses et des ébauches se voient-elles sur les murs, parce qu'à l'instant seul où le souverain, cessant de vivre, venait prendre possession de sa dernière demeure, les ouvriers s'arrêtaient : c'est pour cela que la dernière pièce est constamment d'une exécution imparfaite. On peut donc, au premier coup d'œil, juger de la durée du règne d'un roi par le nombre des chambres qui composent son tombeau, et par l'étendue des travaux faits pour préparer sa sépulture.

Les peintures de la première salle expriment toujours d'heureux pronostics sur le nouveau règne : les dieux adressent la parole au roi et lui promettent une vie longue et glorieuse, entourée de toutes les félicités. Viennent dans les pièces suivantes les attributs du temps et la succession des heures ; ensuite le jugement des âmes ; les châtiments et les récompenses qui les attendent ; leur transmigration ; le tableau des Champs-Élysées, où les âmes des bons se baignent dans le Nil céleste. En opposition est l'enfer ; les âmes coupables y sont soumises à des supplices qui rappellent leurs crimes sur la terre. Diverses scènes symboliques, tenant à la mythologie des Égyptiens, sont représentées, ainsi que des sujets d'astronomie : d'autres d'astrologie y sont joints ; car l'astrologie, dans les temps d'ignorance, a toujours été plus ou moins liée à ce que l'on savait d'astronomie.

Enfin un dernier tableau, image du tribunal chargé, sur la terre, de juger les rois après leur mort, représente le souverain en présence de ses juges célestes, au nombre de quarante-deux, et ses défenseurs répondant à une série de questions qui leur sont adressées.

C'est une belle et grande pensée que celle qui forçait les monarques, placés si fort au-dessus des autres hommes, à se souvenir qu'eux aussi ils sont soumis aux conditions de l'humanité ; à les obliger de méditer leurs actions, en leur montrant la postérité jetant le blâme ou apportant la louange à leur mémoire. Il me semble que mettre, à tous les instants de leur vie, les rois en face du jugement de l'avenir, c'était donner aux peuples une garantie de bonheur, sans compromettre leur repos ; mais pour que ce moyen moral soit efficace il faut, comme dans l'ancienne Égypte, que les usages lui prêtent leur appui et leur sanction.

Le tombeau le plus complet et le mieux conservé, dont les peintures ont le plus de vivacité et de fraîcheur, a été découvert par Belzoni ; c'est celui de Rhamsès V. Quelques dégradations ont cependant été commises (et M. Champollion lui-même ne s'en est pas abstenu) par divers voyageurs, qui ont enlevé des peintures : pareille chose ne se renouvellera plus désormais, grâce aux ordres du pacha et à la surveillance sévère qui s'exerce.

Le tombeau de Rhamsès-Meïamoun, chef de la dix-neuvième dynastie, et quatrième successeur de Sésostris, offre une particularité remarquable : les peintures de huit petites chambres carrées, placées à droite et à gauche de l'une des galeries de l'entrée, représentent l'état de la société ; chaque pièce est consacrée à faire connaître un des arts importants qui satisfont à ses besoins. Ici, on voit les paysans qui labourent la terre et qui sèment ; les instruments dont ils faisaient usage sont encore les mêmes que ceux qu'on emploie actuellement : ailleurs, on fait la moisson et l'on rentre les récoltes; dans une troisième, on apprend ce qu'était la navigation; dans la quatrième, les détails de la cuisine, la cinquième donne les dessins des meubles alors en usage ; la sixième, ceux des armes de toute nature dont on se servait ; la septième, les instruments de musique ; enfin la huitième représente, d'une manière symbolique, l'année égyptienne, avec l'indication, mois par mois, des récoltes correspondantes.

Le tombeau du grand Sésostris est le troisième, en entrant dans la vallée : il est rempli de pierres et de terres amenées par les eaux, et il faudrait d'assez grands travaux pour débarrasser les salles qui le composent, et qu'elles pussent être livrées à l'observation. Cette circonstance démontre que des eaux torrentueuses ont ravagé la contrée à une époque postérieure aux temps historiques, et que les traces qu'elles ont laissées ne proviennent pas d'une révolution plus ancienne du globe, ainsi que l'ont prétendu quelques personnes. Près du tombeau de Sésostris est celui de son fils.

Pour avoir une idée de cette admirable nécropole, il faut lire les lettres de Champollion. Elles renferment les traductions des hiéroglyphes qui couvrent les parois des tombeaux et fournissent de précieuses indications sur les mœurs et les opinions des Égyptiens. Les récits de l'auteur viennent animer, pour ainsi dire, ces monuments de la mort, sur lesquels ont passé plus de quatre mille années.

Ce luxe des tombeaux étonne : on se demande pourquoi il reçut un si grand développement. On conçoit les pyramides, parce qu'on y retrouve du moins l'expression d'une espérance. Un roi puissant voulait préserver son corps de la profanation; il voulait qu'il restât intact jusqu'au moment où sa religion lui promettait qu'il serait rendu à la vie. Mais ici ce n'est point un abri contre des mains sacriléges, ce n'est point une garantie de l'avenir, c'est un simple monument d'orgueil, auquel cependant s'unissent de sublimes idées morales de justice, de récompense et de punition.

Quand on parle des Pharaons, et surtout de ceux de ce temps, la pensée ne doit pas se restreindre à l'Égypte, à une contrée dont la population n'a pu être de plus de six ou huit millions d'âmes : il faut se représenter les maîtres du monde alors connu. Sésostris commanda à une grande partie de l'Asie, à la Syrie, à la Perse, au royaume de Babylone, à celui de Ninive; il établit des colonies égyptiennes sur le revers du Caucase et sur les bords du Phase; la Nubie, le Sennaar et l'Abyssinie lui appartenaient, une partie des côtes septentrionales de l'Afrique et les peuples de l'Arabie subissaient ses lois ; ses possessions d'Asie le mettaient en communication régulière avec l'Inde. Ses états se composaient donc de la réunion de pays très-riches, et les trésors du monde entier affluaient en Égypte, pour alimenter la grandeur dont les débris frappent nos yeux.

C'est de cette manière seulement, c'est en considérant l'Égypte comme le centre et le cœur d'un grand empire, que l'on peut expliquer la construction de ses prodigieux monuments.

Aux différentes époques de l'histoire, nous voyons souvent de petits pays jouer un rôle supérieur à celui que paraît leur promettre leur population, et dominer des nations que leur importance numérique semblerait plutôt appeler à leur dicter des lois. C'est que les lumières et la civilisation sont aussi de grands éléments de puissance, et que les sciences et les arts décuplent, pour ceux qui les possèdent, les moyens d'action sur ceux qui en sont privés.

Carthage fut maîtresse de presque toute la

Sicile et d'une grande partie de l'Espagne. Rome a soumis le monde. Au moyen-âge, Venise et Gênes ont étendu leur pouvoir sur de vastes contrées; le Portugal a conquis et possédé une partie de l'Inde et de l'Amérique. Il est donc tout simple que les Égyptiens, qui ont précédé tous les autres peuples dans le développement des facultés intellectuelles, aient joué un rôle immense dans l'antiquité. Mille circonstances naturelles les favorisaient encore : le pays était d'une fertilité extraordinaire, il fournissait des moyens matériels considérables; sa position géographique leur donnait un accès facile de tous les côtés; ils avaient un gouvernement fort et puissant; ils étaient étroitement unis entre eux; leurs souverains les trouvaient soumis, et ils furent gouvernés par une suite de grands hommes. Avec de tels avantages, il est naturel que les Égyptiens aient fait alors des conquêtes, et que les immenses richesses qu'elles ont produites leur aient donné les moyens d'élever ces palais, ces temples, ces monuments qui nous frappent et nous étonnent. Ces réflexions seront encore mieux comprises si l'on remarque que tous ces travaux, tous ces souvenirs, remontent à une époque antérieure à la civilisation de la Grèce et de l'Asie. Car dès le moment où ces pays ont occupé le premier rang parmi les nations, l'Égypte a perdu sa prépondérance, son sceptre s'est brisé, et elle n'a plus vécu que pour elle-même, jusqu'à l'instant où elle est enfin devenue la proie des autres.

Nous revînmes de notre excursion aux tombeaux par un chemin différent, et nous gravîmes la montagne, qui présente l'aspect d'un mur : un étroit sentier, d'un pied de large, et des escarpements qu'il faut escalader, offrent le seul chemin pour arriver sur le plateau, d'où l'on jouit d'une très-belle vue. On a le Rhamseïon et le Rhamsès-Méamonion à ses pieds; dans l'éloignement on aperçoit les ruines, plus considérables encore, de la rive droite. Ce plateau, tout aride qu'il soit, est recouvert à sa partie supérieure d'une couche de terre, où la végétation se développerait si des pluies la faisaient naître.

Cette partie de la chaîne libyque est composée de rochers à base siliceuse, de silex plus ou moins bien formés, revêtus de calcaire. Les habitants de Thèbes la préféraient pour y placer leurs tombeaux, parce qu'elle est la plus voisine, et que la plus grande partie de la ville était située sur cette rive du fleuve.

Au pied de la montagne, je visitai le tombeau d'un simple particulier, mais qui sans doute avait une existence considérable : cet hypogée se compose d'une seule salle, ou longue galerie très-élevée, et dont les deux parois sont décorées de peintures représentant les divers états de la société, et la manière dont il était pourvu à ses besoins, depuis les choses les plus vulgaires et les plus viles jusqu'aux plus relevées.

J'allai revoir le Rhamseïon, le Rhamsès-Méamonion, le temple de Vénus-Hactor, et les colosses du Memnonion.

Je compris mieux que la veille tous ces édifices, dont la distribution n'a aucun rapport avec nos mœurs et nos usages. J'y achevai ma journée; mais je ne leur dis pas adieu, comptant bien y revenir après avoir visité ceux de la rive droite et avant que de quitter Thèbes, cette aînée des villes royales du monde.

Le pacha m'avait autorisé à faire faire des fouilles : je profitai de sa permission, et je mis au moins quatre-vingts ouvriers à l'œuvre pendant mon séjour; ils continuèrent après mon départ, mais tous ces efforts furent infructueux. A peine tirâmes-nous quelques pierres tumulaires et quelques idoles des hypogées ouverts. Depuis si longtemps on s'occupe de travaux semblables, qu'il n'est pas facile de rencontrer un terrain où l'on n'ait pas déjà fait souvent des recherches.

Le 29 novembre, j'allai m'établir à Lôuqsor, sur la rive droite du Nil. Le palais de Louqsor est bâti sur le bord même du fleuve, dont le cours ne paraît pas avoir subi de changement sur ce point; car on trouve un quai, situé à peu de distance du palais, qui est encore baigné par les eaux. Ce quai, de la plus haute antiquité, est construit en grandes pierres de taille. Il est contigu à un autre, qui est en briques, et forme le prolongement de celui-là. Des cabanes bâties dans l'enceinte, pour une population assez nombreuse, masquent et obstruent le palais : il faut l'étudier pendant quelque temps pour le comprendre. Voici ce qu'un examen détaillé m'a fait reconnaître.

D'abord un grand propylône en bon état, qui rappelle celui du Rhamséion. Il était précédé de quatre colosses de granit, d'un seul morceau, et de deux belles aiguilles : deux colosses sont restés debout, ainsi qu'une des aiguilles; le second obélisque a été transporté en France. Un palais était en arrière; il avait peu de profondeur. Plus en arrière encore on voit une belle colonnade qui est intacte, mais dont la direction ne correspond pas à la porte placée au milieu du propylône. Elle conduit aux ruines d'un autre palais qui parait avoir été une dépendance du premier. Il est composé de deux parties égales, dont les dimensions et les proportions sont inférieures à la première partie des ruines.

La vue est d'abord blessée par le défaut d'alignement de la colonnade. En général, on remarque dans les monuments égyptiens, qui nous restent, de fréquents exemples de cette négligence : ceux de Louqsor ont été sans doute construits à diverses époques, et des considérations particulières, comme celle d'éloigner un peu du Nil le dernier bâtiment construit, ont pu modifier la direction donnée à la colonnade, destinée à les lier et à établir une communication entre eux.

On rencontre, en France, dans nos vieux monuments, de semblables fautes d'architecture, qui doivent nous rendre indulgents pour celles des Égyptiens : les palais du Louvre et des Tuileries ne sont point parallèles entre eux, ce qui n'est pas moins choquant, et que rien ne justifie. A Louqsor ce sont de même deux palais : celui du midi a été bâti par Aménophis (Memnon) ; il est le plus ancien. L'autre a plus de magnificence ; des colosses le décorent, et il est l'ouvrage de Sésostris.

Des réparations furent faites au Rhamseïon de Louqsor par Sabaros l'Éthiopien. Enfin, un sanctuaire, tout en granit, placé dans le palais d'Aménophis, a été construit par Alexandre, fils du conquérant.

Les ruines de Louqsor, quoique présentant une énorme masse et qu'elles soient d'un beau caractère, ne firent pas tort aux souvenirs que nous avaient laissés celles de Médynet-Abou ; mais il ne devait pas en être de même des ruines de Karnak, qui sont placées à une demi-lieue plus bas.

Ici la plume échappe. Qui pourrait décrire les merveilles rassemblées sous ses yeux ! L'imagination ne saurait créer un pareil tableau, et le langage est insuffisant pour en reproduire la plus faible partie. C'est un amas de palais, de temples, qui couvrent une surface immense, et dont cinq ou six monuments comme le Louvre, réunis, n'approcheraient pas encore. L'esprit demeure accablé sous le poids de la grandeur égyptienne; il faut contempler dans le silence de l'admiration ses créations majestueuses. Tout ce que j'essaierai, ce sera de donner quelques notions succinctes de ces magnifiques ruines.

On ne peut douter qu'elles ne se composent des restes de plusieurs palais; mais on reconnaît facilement ce qui formait le palais principal.

Quatre avenues extrêmement longues et d'une grande largeur y conduisaient. Elles étaient toutes ornées de chaque côté d'une multitude de sphinx de dimensions colossales. La principale avenue se prolongeait jusqu'à Louqsor, et devait être décorée par douze cents statues. Ces sphinx ont des corps de lion et des têtes de femme ou de bélier; beaucoup sont encore sur leurs bases. On ne pouvait annoncer plus dignement la demeure des rois. Deux des quatre avenues partaient de l'intérieur de la ville, et étaient parallèles au fleuve; une troisième venait du Nil, et la quatrième aboutissait à l'enceinte extérieure du palais, du côté opposé à la ville; le côté de l'est n'avait point d'avenue. Celle de droite, en sortant de la ville, correspond au centre du palais, qui paraît se diviser en deux parties, l'une de représentation, l'autre d'un usage habituel. Elle amène à quatre immenses pylônes placés les uns derrière les autres, à une distance convenable pour former des cours spacieuses. Chacun d'eux est percé par une porte de soixante-dix à quatre-vingts pieds d'élévation : ces portes se correspondent entre elles.

On arrivait ainsi au palais. Deux colosses de granit, d'un seul morceau, représentant des personnages assis, et placés à droite et à gauche de la porte d'entrée, semblent encore prendre sous leur protection une partie du bâtiment. Il y avait dix autres colosses pareils aux divers pylônes; des débris nombreux, et d'autres indices autorisent à penser que leur nombre montait à dix-huit. Huit obélisques rehaussaient la magnificence de cette entrée.

Une grande ligne sépare ce bâtiment dans sa longueur, et aboutit à deux pylônes, l'un du côté du Nil, qui est le plus grand de tous, et l'autre du côté opposé à l'enceinte extérieure que j'ai déjà citée, mais dont je parlerai encore plus tard.

Une fois entré dans le bâtiment, on voit à droite et à gauche une foule de colonnes qui ornaient les salles, qui se succèdent dans les deux directions. A gauche est la salle hypostyle : elle était destinée aux grandes assemblées, et cent quarante colonnes, dont fort peu sont détruites, en soutiennent la couverture, composée d'énormes pierres, dont une partie seulement a été renversée. Ces colonnes ont, les grandes dix pieds de diamètre, les autres huit pieds, et une hauteur proportionnée selon l'ordre d'architecture égyptien. Le milieu de la salle étant plus élevé que les côtés latéraux, la plate-forme a également une hauteur plus grande dans son centre, et les intervalles qui en résultent donnent passage à la lumière. Toutes les parois de la salle, ainsi que les colonnes sont couvertes de hiéroglyphes et de dessins.

Au bout de la seconde avenue, parallèle à la première, il y a un pylône semblable à ceux que je viens de décrire; il est placé sur l'alignement du premier des quatre qui forment cette suite de cours qui précèdent le palais.

En arrière, et dans l'espace correspondant aux second et troisième pylônes, il y a un palais : partout ailleurs il paraîtrait grand, ici ce n'est plus qu'un accessoire peu important. Son entrée n'est pas en ligne droite avec la porte du pylône qui le couvre, ce qui prouve que cette construction a été calculée uniquement pour l'effet extérieur. On peut reconnaître la distribution de ce palais, qui est plutôt encombré de débris de baraques et de terres amoncelées qu'il n'est détruit.

A la droite des cours se trouvaient des jardins intérieurs assez étendus. Au milieu était un bassin, dont il est facile de distinguer les restes : une partie même renferme encore de l'eau d'infiltration. D'un côté, ces jardins dépassaient le palais, et de l'autre ils s'étendaient jusqu'au pylône de l'est, placé sur la grande enceinte qui renfermait tout cet ensemble.

De même au nord, le pylône, ainsi que la porte placée à l'extrémité de l'avenue de ce côté, étaient sur l'alignement de cette vaste enceinte dont ils faisaient partie. Cette porte ne correspondait pas à celles du sud, et elle conduisait à un palais particulier de dimensions moindres, et dont la destruction est presque entière. C'était probablement une habitation occupée par quelque prince de la famille royale. Une large étendue de ruines, formant un grand relief, et composée de briques vertes, semble indiquer qu'il y avait beaucoup de maisons privées réunies au nord du palais et en dedans de l'enceinte; elles servaient probablement, soit au logement des troupes, soit à celui des gens du palais.

Enfin du côté de la rivière était une dernière entrée; il n'y avait au bout de l'avenue qu'un seul pylône, mais le plus élevé et le plus majestueux de tous. Il joignait immédiatement la partie du grand palais destinée aux pompes et aux cérémonies. Je crois que ce pylône n'a jamais été terminé.

En revenant sur ses pas, et retournant à l'avenue qui vient de la ville et aboutit à cette suite de pylônes qui forment les cours, on reconnaît que dans toute sa longueur elle correspondait à de vastes jardins extérieurs, au milieu desquels on voit les ruines remarquablement belles d'un palais de moindre dimension, et des statues de sphinx et de lions à tête humaine, en granit, qui se trouvent répandues partout en grand nombre. J'en ai compté plus de cent dans un très-petit espace; elles sont tout à la fois moins hautes et moins mutilées que celles de la grande avenue. Il y a plusieurs bassins, dont un touche immédiatement le palais. Une autre enceinte enveloppe cette partie et se réunit à la première, au-devant de laquelle elle se trouve placée (1).

---

(1) Dimensions indiquées par la commission d'Égypte :
Grand pylône. — Longueur, cent treize mètres; hau-

Il est certain que les monuments de Karnak sont l'ouvrage de plusieurs rois. Quels que fussent les moyens d'exécution, de pareils travaux ont dû exiger une longue suite d'années. On reconnaît sur les parois d'un grand palais des bas-reliefs qui représentent le pharaon Mandoni revenant vainqueur des ennemis de l'Égypte; Sésonchis triomphant du peuple juif; les guerres de Ménéphtath en Asie, celles de Sésostris contre les Scythes. Ce palais rassemble ainsi une foule de documents historiques; il est devenu comme les archives de l'Égypte.

Tel est en abrégé le coup d'œil que présente Karnak. En voyant ces immenses ruines on serait tenté de croire que les palais dont elles

---

teur, quarante-trois; épaisseur, quinze. Largeur de la porte, six mètres; hauteur, vingt-six.

Pylône intérieur. — Élévation, trente mètres; largeur de la porte, six mètres et demi; hauteur, vingt-un mètres.

Salle hypostyle. — Longueur, cent mètres; largeur, cinquante.

Contour des ruines de Karnak. — Près de six mille mètres.

sont les restes ont été bâtis et habités par des hommes d'une nature supérieure à la nôtre. Tout y a un caractère de grandeur qu'on ne retrouve nulle part au monde. C'était un jeu pour les Égyptiens de cette époque que de réunir les masses les plus lourdes, d'exécuter les travaux les plus difficiles, et d'entreprendre les constructions les plus gigantesques.

L'espace qu'occupait la ville de Thèbes peut se juger, d'après la position de toutes ces ruines. Ces palais, qui l'ornaient et dont elle nous a légué les débris, semblent des jalons laissés à la postérité pour l'éclairer dans ses recherches. Les limites de la ville, sur la rive gauche du Nil, ne devaient pas s'étendre beaucoup au-delà de ces palais, à cause de la proximité des montagnes. Sur la rive droite il pouvait en être autrement : mais hors de l'enceinte de Karnak, on ne découvre rien qui rappelle l'antiquité.

L'enceinte de Karnak était donc, de ce côté, la limite de Thèbes, comme du côté opposé elle était marquée par le palais de Médynet-

Abou. Ces deux points étaient les plus éloignés, et devaient former le grand diamètre de la ville; leur distance est de plus de deux lieues. En laissant en dehors de la ville l'Hippodrome, qui évidemment n'y était pas renfermé, on voit que cette dimension rappelle celle de Paris, quoiqu'elle lui soit inférieure.

Si par la pensée on réduit la capitale de la France au sort actuel de Thèbes; si l'on suppose que les révolutions, la guerre, des désastres de toute nature l'aient détruite, et que quatre mille ans aient passé sur ces ruines, qu'en restera-t-il? des débris de l'arc de triomphe du Louvre, et de celui des Tuileries, du Luxembourg, de l'Observatoire; des vestiges de Notre-Dame, de Saint-Sulpice, du Panthéon, de la Madeleine, de la Bourse. Tout cela serait loin de pouvoir être comparé à la masse des ruines dont l'emplacement de Thèbes est couvert. Mais sur celui de Paris on trouverait des montagnes de matériaux qui attesteraient la grandeur de la population, son bien-être, sa richesse, sa manière de vivre, sa grande agglomération surtout; documents incontestables de son ordre social : tandis que l'observateur ne voit, dans les ruines de Thèbes, que de faibles indications de l'état de la société d'alors (1).

Après avoir visité à deux reprises Karnak et Louqsor, j'allai revoir les monuments de la rive gauche : je descendis de nouveau dans les sépulcres des rois, pour en graver les souvenirs dans ma mémoire, puis je disposai tout pour mon départ.

(1) Il existe encore à Thèbes, et pouvant se reconnaître, sept obélisques monolithes, dix-sept pylônes de dimensions colossales, sept cent cinquante très-grandes colonnes, dont quelques-unes sont du diamètre de la colonne trajane ; soixante-dix-sept statues monolithes, dont les proportions varient depuis le double de la grandeur humaine jusqu'à soixante pieds.

Je m'étais proposé de remonter encore le Nil, et de voir ses bords jusqu'à la seconde cataracte : mais les vents du nord nous avaient abandonnés, la navigation devenait difficile; l'époque fixée pour mon retour en Europe était arrivée; et, d'après les récits unanimes des voyageurs, je ne pouvais plus espérer de trouver quelque chose qui pût m'offrir de l'intérêt après avoir contemplé Thèbes. Le pays n'a rien de curieux, et la vallée du Nil ne change d'aspect que parce qu'elle diminue de largeur. Les cataractes elles-mêmes n'ont point un caractère imposant : ce sont seulement des *rapides* qui gênent la navigation.

Je n'avais à regretter que de ne pas voir le temple d'Ebsambol, situé au-dessus de la première cataracte. C'est une immense excavation creusée dans la montagne, dont les parois intérieures sont ornées de bas-reliefs et de colosses sculptés dans le roc ; l'entrée est précédée de quatre colosses de soixante pieds d'élévation, taillés de même dans la montagne. Ce travail d'un effet majestueux, dont l'exécution est peut-être unique, est l'ouvrage de Sésostris.

Pendant mon séjour à Gournah, j'eus l'occasion de connaître un homme d'un âge peu ordinaire, nommé Mansour, père du cheik-el-beled de ce village. Il se dit âgé de cent vingt-deux ans : son intelligence est encore vive, son esprit présent, sa mémoire excellente. Si l'on peut mettre en doute l'exactitude d'une longévité semblable, dans un pays où il n'y a aucun registre qui constate les naissances, il y a du moins un moyen de constater l'époque des faits que Mansour rapporte, comme en ayant été le témoin, parce qu'il les rattache au règne du sultan Mustapha, et que ce sultan monta sur le trône il y a quatre-vingt-dix-neuf ans. Mansour prétend que, dans le temps où ce prince régnait, le climat de la Haute-Égypte était fort différent de ce qu'il est aujourd'hui. Il assure qu'alors il pleuvait assez souvent; que les montagnes libyques et arabiques, qui forment la vallée du Nil, avaient de l'herbe, et que des arbres ombrageaient les pâturages; que les Arabes y amenaient leurs troupeaux; mais que, les arbres ayant été détruits, les pluies avaient cessé et les pâturages s'étaient desséchés. Ces arbres, suivant Mansour, étaient de deux espèces : l'une des deux avait des feuilles ressemblant à celles des citronniers, et donnait des pommes douces; dans l'autre, les feuilles étaient jointes ensemble et superposées : je n'ai pas retrouvé en Égypte d'arbres qui répondissent à cette description.

Cet état météorologique, à l'époque précitée se trouve confirmé par Pokocke, qui voyageait en 1737, et qui raconte qu'étant dans la Haute-Égypte, il fut forcé de suspendre momentanément son voyage à cause des pluies qu'il éprouva. On se rappelle ce qui m'a été dit à Kénéh sur ce sujet, par Saïd-Hussein.

Si l'on réfléchit que la cessation des pluies, dans la Haute-Égypte cadre avec la disparition des arbres qui existaient sur la chaîne des montagnes; que, d'un autre côté, les pluies qui avaient à peu près disparu dans la Basse-Égypte y sont revenues, au point d'embrasser une durée de trente à quarante jours à Alexandrie, et de quinze à vingt au Caire, et que ce phénomène est postérieur aux immenses plantations que le pacha a fait faire, et qui ne s'élèvent pas à moins de vingt et un millions de pieds d'arbres dans cette partie de son gouvernement; on est autorisé à supposer que ce double effet est dû à la même cause, et que la présence ou l'absence des arbres modifient complétement les climats. Les pluies favorisaient la végétation sur les montagnes, et celle-ci, contenant les sables du désert, mettait obstacle à leur invasion. En effet, il est probable que si elle avait été toujours ce qu'elle est aujourd'hui, la très-étroite vallée du Nil aurait encore été rétrécie, et que son sol se serait élevé au-dessus de toutes les inondations du fleuve.

On pourra opposer à ce que je viens de dire sur les pluies dans la Haute-Égypte, qu'Hérodote rapporte qu'il n'y pleuvait jamais. Mais, en supposant que ce qu'il dit fût parfaitement exact, rien n'empêche de supposer que la sécheresse d'alors était le résultat d'un état de choses semblable à celui d'à présent, et que des plantations auraient changé plus tard; comme il arriverait encore si de grandes plantations avaient lieu dans la Haute-Égypte, ainsi qu'il a été fait dans la Basse, et si, en recherchant les essences convenables et en prenant les moyens de conservation nécessaires, on couvrait les deux chaînes des arbres qu'elles ont perdus.

Avant de quitter Thèbes, j'acceptai la proposition de faire une chasse aux crocodiles. Ils sont nombreux dans ces parages, et font beaucoup de victimes : le nazer de l'arrondissement de Thèbes m'assura que, chaque année, le nombre s'en élevait au moins à trente : ce sont ordinairement des individus qui s'approchent du Nil, sans précaution, pour remplir leurs outres, ou des enfants qui jouent sur ses bords. Les chasseurs de crocodiles me dirent que cet animal attaque l'homme plus volontiers à terre que dans l'eau : il est timide naturellement, et s'enfuit quand on marche à lui; mais il agit par surprise. Alors il s'élance sur sa proie et la poursuit avec la rapidité d'une flèche. Ils m'assurèrent que lorsqu'on était pris ainsi à l'improviste et n'ayant que peu d'avance, il n'y avait aucune chance pour échapper pendant les cent premiers pas de la course : une fois arrivé à cette distance du fleuve, on est en sûreté.

On connaît les lieux où les crocodiles viennent s'établir de préférence, au milieu de la journée, pour se réchauffer aux rayons du soleil. Les chasseurs ont disposé à portée de petits épaulements de deux pieds de hauteur, qui servent à les cacher. Ils vont s'y placer de grand matin, et attendent le moment où l'animal sort du fleuve. Quand on va à la chasse plus tard, on se traîne à terre de loin pour ne pas être aperçu, et l'on va gagner le poste d'où l'on doit tirer. C'est ainsi que nous procédâmes.

Nous vîmes dans divers endroits, mais à un trop grand éloignement, des crocodiles dont plusieurs étaient très-gros : les chasseurs nous firent faire un grand détour pour approcher de ceux qui leur parurent les plus faciles à joindre. Nous nous baissâmes d'abord beaucoup ; mais, arrivés à cent cinquante toises, il fallut nous mettre à plat ventre et achever ainsi, en rampant, le chemin qui nous restait à faire. Malgré ces précautions, les crocodiles qui se trouvaient en face de nous prirent l'éveil et rentrèrent dans la rivière. Nous restâmes à notre embuscade pendant une demi-heure ; un de ces animaux revint, et l'ajustant avec beaucoup de soin nous fîmes tous une décharge de nos armes. Il resta sur la place quelque temps, et il fut facile de reconnaître qu'il était grièvement blessé : il se traîna avec peine jusqu'au fleuve. Nous le suivîmes longtemps en marchant sur le bord, mais il nous échappa. Il était posté dans une île quand nous le tirâmes : si nous avions été sur la même rive nous nous en serions certainement emparés.

Quand un crocodile est blessé, les chasseurs ont coutume de se précipiter sur lui, et de se mettre à cheval sur son dos; de cette manière ils sont à l'abri de ses dents, et à coups de hache ils lui fendent la tête et l'achèvent. Ils nous dirent qu'ils auraient agi ainsi avec celui que nous avions blessé, s'ils avaient été à portée.

Cette chasse terminée, nous revînmes à Gournah; nous allâmes donner un dernier coup d'œil à ses ruines, que nous regrettions de quitter si tôt, et dans la nuit nous commençâmes notre marche rétrograde.

La température de Thèbes est délicieuse dans cette saison : le premier décembre nous avions à l'ombre vingt-sept degrés centigrades, et au soleil soixante.

L'agrément de mon séjour dans cet endroit avait été fort augmenté par la rencontre de voyageurs de différentes nations, dont plusieurs m'étaient connus. Les individus les moins liés se trouvent tout à coup devenir des amis intimes quand ils sont transportés à de si grandes distances de leur pays natal, tant le charme des souvenirs communs et des mêmes idées a de puissance sur l'esprit et sur le cœur.

Le Nil, par rapport aux étrangers qui y naviguent, présente un singulier spectacle qui l'assimile en quelque sorte à la mer. Chaque voyageur fait flotter sur la barque qu'il monte le pavillon de sa nation, et l'on voit à la fois des étendards français, autrichiens, anglais, toscans, napolitains, etc., qui annoncent que ceux qui les arborent ont la prétention d'être maîtres chez eux, et de se rendre inviolables sous leur abri.

En quittant Thèbes, j'éprouvai une grande contrariété et un véritable chagrin : le comte de Brazza, mon aimable compagnon de voyage, avait ressenti de fâcheux effets du climat.

L'éclat de la lumière avait altéré sa vue au point de faire craindre qu'il ne la perdît. Dès ce moment j'eus à trembler pour lui, et je fus forcé de renoncer à l'espérance de posséder de nouveaux dessins, qui auraient figuré dans la collection que je possédais déjà.

Le 2 décembre, au matin, nous étions de retour à Kénéh. Peu après notre arrivée, nous nous mîmes en chemin pour visiter les ruines du temple de Dendérah, éloigné seulement d'une lieue de Kénéh. Nous montâmes d'excellents et magnifiques chevaux du moudir, qui avaient été transportés sur la rive gauche du Nil, et en un moment nous fûmes rendus à Dendérah.

Ce lieu est placé sur la limite même du désert libyque, dont les sables ont envahi tous les environs. Le temple jouit d'une réputation méritée : sa masse est imposante, il est d'une grande élégance, et les ornements en sont d'un fini admirable. On voit facilement qu'il a été construit en plusieurs fois.

Après être entré sous un magnifique péristyle de vingt-quatre colonnes, on reconnaît que le mur du fond était autrefois un pylône, qui, de ce côté, faisait la limite du temple; la pente des arêtes et leurs ornements, qui rappellent toutes les constructions de ce genre, le prouvent incontestablement. On a voulu agrandir le temple, et l'on a élevé en avant l'édifice qui le précède, en raccordant assez bien l'ancien bâtiment avec le nouveau : la façade ancienne, dont les deux côtés sont inclinés, a été laissée en saillie. Le nouveau mur, de droite et de gauche, a été mis en retrait. L'angle de jonction est perpendiculaire, de manière que l'espèce de panneau existant de chaque côté est plus large en haut qu'en bas. Cet espace est couvert d'hiéroglyphes placés avec art, et choisis exprès pour déguiser, autant que possible, ce que cette disposition a d'irrégulier. L'architecte a atteint son but, car l'ensemble n'a rien qui déplaise. Il y a une richesse d'ornements extraordinaire, et les bas-reliefs sont du travail le plus achevé et du meilleur goût.

Cependant M. Champollion les critique ; ses préventions et son admiration exclusive pour les ouvrages égyptiens le rendent injuste pour ceux qui portent le cachet grec ou romain. Les hiéroglyphes gravés sur les colonnes sont en relief, et ne dépassent pas le diamètre qu'ils avaient primitivement. On a creusé les intervalles qui les séparent, de manière que les colonnes n'offrent à l'œil rien qui ne soit égal, tous ces hiéroglyphes ayant la même épaisseur. Les chapiteaux ont peu de saillie, et se composent d'un carré. Sur chaque face il y avait une grande figure qui a été martelée.

Il en est à peu près de même, quoiqu'avec quelque modification, dans la salle hypostyle qui vient ensuite, et dont la construction est d'un âge plus reculé. Le temple est d'une assez grande dimension ; mais on ne peut pas le parcourir intérieurement dans son entier, à cause des décombres qui en remplissent une portion. Tout semble très-bien conservé, et pourrait être rendu facilement à des usages journaliers. On voit, dans la partie supérieure, l'emplacement du fameux zodiaque, qui a été l'objet d'une mystification si piquante pour plusieurs de nos savants; M. Champollion, en lisant ses hiéroglyphes, l'a reconnue et dévoilée.

Près de ce temple il y en avait deux autres, et peut-être un troisième. En entrant par la porte qui est en face du grand monument, et qui se trouvait au milieu d'un pylône aujourd'hui détruit, on voit, à droite, un petit temple, d'une conservation parfaite et d'un travail exquis. Il ne se compose que de deux pièces : le temple proprement dit, et le sanctuaire. Il est enveloppé par une colonnade, dont l'ordre se rapproche de celui de l'architecture grecque ; les chapiteaux ont des ornements de feuilles d'acanthe. En arrière du grand temple, et toujours dans la même enceinte extérieure, se trouve un autre temple, moins grand encore, dont l'entrée, au sud-est, était perpendiculaire à la façade du temple principal.

DENDÉRAH.

En avant, et à une distance de plusieurs centaines de toises, est une porte qui sans doute tenait à une enceinte extérieure enveloppant tout le système, et donnait entrée dans le petit temple.

Enfin une dernière porte, située sur l'alignement de la première, qui conduit du grand temple, et, faisant face du même côté, est encore à sa place. Elle menait sans doute à un autre monument, détruit maintenant et confondu dans une masse de ruines qui occupe un espace étendu, et forme comme une montagne.

Voilà un aperçu des monuments rassemblés à Dendérah; tous avaient une destination religieuse; car, à en juger par ce qui reste, rien ne paraît avoir été consacré à l'habitation. Les bas-reliefs de la partie la plus ancienne représentent Cléopâtre et son fils Ptolémée César; les bas-reliefs supérieurs sont du temps de l'empereur Auguste; d'autres, de l'époque de Tibère et de Néron; enfin, le pylône du sud-est, de celle de l'empereur Antonin, ainsi que le petit temple placé derrière le grand, et consacré à la déesse Hactor (Vénus). Le grand pylône est orné des images des empereurs Domitien et Trajan. Presque toutes ces constructions sont donc romaines.

M. Champollion critique la rédaction des légendes, et les trouve de mauvais goût. N'ayant pu les lire, je ne saurais en juger. M. Champollion ne dit pas à qui était dédié le temple, de grandeur moyenne, situé près de l'entrée, à droite.

Les monuments de Dendérah présentent un ensemble qui plaît, même quand on a l'esprit encore rempli de la colossale magnificence de Thèbes.

LE DÉSERT

ET

LES BORDS DE LA MER ROUGE.

De retour sur le bord du Nil, nous eûmes à supporter, pendant le reste de la journée, ce vent violent et empesté du sud, si brûlant et si redouté par les voyageurs. C'était une chose tout à fait d'exception dans cette saison; il n'exerce ordinairement sa maligne influence qu'en février et mars, aux approches de l'équinoxe; on l'appelle *kamsin*, qui veut dire cinquante, parce qu'il souffle seulement pendant cinquante jours.

Il est difficile de se faire une idée de l'aspect que présente alors l'atmosphère; une énorme quantité de poussière impalpable l'obscurcit, gêne la respiration et pénètre avec violence dans les yeux; une chaleur et une sécheresse dévorantes calcinent la peau et lui ôtent toute souplesse. On pourra juger de l'état de l'air quand on saura qu'il y avait neuf degrés deux dixièmes de différence entre le thermomètre sec et le thermomètre mouillé.

Le soir, nous continuâmes à descendre le fleuve. Hérodote parle du penchant au vol des habitants de la Haute-Égypte, de la hardiesse et de l'habileté avec laquelle ils s'y livraient. C'est encore un trait caractéristique des riverains de cette contrée, tant il est vrai que les mœurs se conservent à travers les siècles, et malheureusement plutôt les vices que les vertus. Les exemples sévères qui ont été faits et les mesures de rigueur prises par le pacha sont restés sans effet. On raconte de ces voleurs mille traits plus audacieux les uns que les autres.

C'est au milieu de la nuit, à la nage, qu'ils

viennent attaquer et surprendre les barques qui naviguent, et il est indispensable d'être constamment sur ses gardes. Les fellahs, tous admirables nageurs, se tiennent des heures entières dans l'eau; ils suivent les bâtiments, plongent, disparaissent, et se font voir de nouveau inopinément. S'ils peuvent saisir sur le bord d'un bateau un homme de l'équipage, ils le mettent à contribution, et la menace de le noyer est si facile à exécuter, et si redoutable, que celui-ci n'ose appeler le secours que ses camarades pourraient lui donner. Ils s'introduisent aussi dans les barques, lorsque tout le monde est endormi et qu'on navigue sans précaution; alors ils les dévalisent. Ce sont de véritables pirates. Nous étions nombreux, nos barques marchaient ensemble, et ils n'ont pas craint de nous attaquer. Mahomet, notre patron du dahabiéh, fut saisi à l'improviste au moment où il était sans défiance sur le bord de la barque, et il n'échappa aux voleurs que par une sorte de miracle. On m'a dit que lorsque le bâtiment le *Louqsor* a voyagé sur le Nil, emportant l'obélisque qui est aujourd'hui à

Paris, il a constamment été accompagné par des brigands de cette espèce, et que plusieurs fois les bateaux qui marchaient de conserve ont été attaqués et volés.

Le 4 décembre, nous fûmes rejoints sur le fleuve, à quatre lieues de Syout, par une barque qui venait de la Nubie. Souvent des barques apportent de ce pays des choses assez curieuses, des ouvrages en paille, de très-bonnes dattes, ainsi que des esclaves. Nous eûmes la fantaisie d'aller la visiter et nous la fîmes approcher pour monter à son bord. Après avoir acheté quelques bagatelles de peu de valeur, ayant vu plusieurs esclaves de différents âges, et entre autres un petit nègre d'un noir d'ébène, qui nous plut, nous demandâmes le prix de cet enfant. Le reïs nous répondit que pour celui-là il n'en était pas embarrassé, attendu qu'étant beau et gentil il le réservait pour le service des harems, et qu'il allait à Syout pour lui faire subir l'opération que rend indispensable la destination qu'il lui donnait. Nous fûmes tous saisis d'une grande pitié, et il fut décidé qu'un de nous en ferait l'acquisition. Le comte Brazza le prit pour lui. Nous l'avons nommé « Hâlis, » qui veut dire « sauvé ». Il est charmant, plein d'intelligence et très-fidèle à son maître; il venait de la Haute-Nubie et du pays où les possesseurs des villages vendent chaque année une partie des enfants de la population, comme on fait en Europe du croît de ses troupeaux. Cette vente annuelle et régulière compose une portion importante de leurs revenus.

Un autre nègre plus âgé fut aussi acheté par le docteur Koch; celui-là avait été pris à la guerre près du Kordofan, dans une expédition ou chasse, faite exprès pour enlever des esclaves. Nous regardâmes ses dents avec soin pour nous assurer qu'il n'était pas anthropophage. Des renseignements assez récents ont appris que de ce côté il existe une population de cette espèce : on la fait monter à soixante ou quatre-vingt mille âmes, répartie en cent cinquante villages situés dans l'intérieur de l'Afrique, non loin du fleuve Blanc. Les sultans dont ils dépendent sont dans l'usage d'en mener toujours à la guerre avec eux. Ces gens ont l'habitude d'aiguiser leurs dents et de les rendre pointues, ce qui les fait reconnaître parmi les autres nègres.

Les caravanes qui arrivaient autrefois de l'intérieur de l'Afrique formaient un des éléments de la richesse de l'Egypte : elles partaient à des époques à peu près fixes, des pays de Darfour, du Kordofan et de l'Abyssinie, et apportaient beaucoup d'objets d'une grande valeur : de la poudre d'or, des dents d'éléphant, des plumes d'autruche, elles conduisaient aussi des esclaves.

Celle de Darfour en amenait ordinairement six mille des deux sexes, et se servait de vingt mille chameaux. Elle remportait des objets, manufacturés en Égypte ou venant d'Europe, qui avaient payé des droits considérables. Ces échanges et le mouvement de capitaux qui en résultait étaient fort utiles ; mais Méhémet-Ali ayant compris les importations dans son monopole, les caravanes ont cessé, et cela ne pouvait pas être autrement. Le monopole peut bien s'exercer sur un peuple obéissant, dont les habitants tiennent au sol; mais des étrangers ne viennent pas volontairement s'y soumettre.

Le 8, j'arrivai à Cheyk-Abadéh, sur l'emplacement de l'ancienne ville d'Antinoé. On y trouve encore quelques colonnes; mais ce sont des ruines qui n'ont rien de la grandeur égyptienne. Cette ville était d'une construction toute romaine. L'empereur Adrien étant près de sa mort, un oracle annonça qu'il fallait, pour qu'il conservât la vie, qu'un homme se dévouât volontairement à périr. Antinoüs se précipita dans le fleuve, et Adrien éleva cette ville en son honneur et lui donna son nom.

C'est à Cheyk-Abadéh qu'il avait été convenu que j'entrerais dans le désert pour me rendre à la mer Rouge. Le pacha avait donné l'ordre au moudir de faire préparer les dromadaires et les chameaux nécessaires, tandis qu'un bâtiment, armé à Suez, partait pour aller m'attendre dans un mouillage de la côte du désert, à Ghebel-Ezet. Ce bâtiment devait me transporter à Tor, sur la côte d'Asie, et de là je comptais aller au mont Sinaï. Ne trouvant rien de prêt à Cheyk-Abadéh, je me rendis à Minyeh. Le moudir, Mahmoud-Effendi, en route pour Cheyk-Abadéh, avec tous les moyens de transport qui m'étaient destinés, venait d'y arriver. Il fut arrêté alors que je commencerais mon voyage de ce lieu même. Les préparatifs et les approvisionnements de toute espèce furent achevés avec activité, et le 10 décembre, dans la journée, je quittai les bords du Nil.

Notre caravane se composait de quarante-cinq chameaux ou dromadaires : les premiers, destinés à porter les provisions d'eau et de vivres pour nos bêtes et pour nous, ainsi que nos tentes et nos équipages, et les autres, à nous servir de monture. Dix chameaux seuls étaient consacrés au transport de l'eau. Nous devions marcher huit jours sans en trouver.

Indépendamment des conducteurs des chameaux, nous avions, pour nous servir de guides et d'escorte, douze Arabes et deux des principaux cheiks. L'un, nommé Sagr, comme le plus considérable de la tribu, avait été désigné; mais n'étant pas sur les lieux au moment du départ, il fut remplacé par un autre cheik, nommé Eise, qui veut dire Jésus. Sagr nous ayant rejoint bientôt, ils restèrent tous les deux.

C'était une chose tout-à-fait nouvelle, pour nous autres Européens, que le mode de voyager sur ces animaux gigantesques, qu'il semble si difficile de guider. Nous passâmes une heure ou deux à faire notre éducation; nous apprîmes à nous placer sur leur dos, à nous y tenir, à leur parler, à les conduire, et nous nous mîmes en route, certains que nous saurions nous accoutumer à cet exercice et nous soumettre aux conditions qu'il exige.

On ne peut monter sur un dromadaire que lorsqu'il est couché sur le ventre. C'est une manœuvre à laquelle il est dressé, et il obéit sans grande difficulté à l'appel qu'on lui fait. Il faut de même qu'il se couche lorsque celui qui le monte veut descendre aisément. La manière dont ces animaux font ces mouvements, exige que l'on ait quelque habitude pour ne pas tomber. Ce sont les jambes de derrière qu'un chameau ploie en dernier quand il se couche, et par elles qu'il commence à se relever : c'est précisément le contraire de ce que font tous les autres quadrupèdes. Il en résulte qu'on se trouve un moment sur une pente extraordinairement inclinée, et qu'il faut se cramponner, en raidissant le corps, pour ne pas passer par-dessus la tête de l'animal.

La selle sur laquelle on est placé s'appuie contre la bosse du dromadaire. Deux pointes élevées la terminent devant et derrière, et servent à fixer plusieurs coussins que ces pointes traversent à leur extrémité, ainsi qu'à diminuer la secousse que produit le trot de l'animal. Le siége est assez large, et ceux qui, comme les Orientaux, sont accoutumés à s'asseoir de côté, en plaçant une de leurs jambes autour de la saillie de devant, sont établis assez commodément. Mais pour cela il faut ou beaucoup de souplesse, ou l'habitude d'être accroupi. L'un et l'autre me manquaient. Je fis mettre des étriers très-courts au pommeau de la selle, et je l'enfourchai, les jambes en avant et le corps en arrière, m'abandonnant tout à fait au mouvement de ma monture. J'étais, de cette manière, si bien établi que je n'éprouvai aucune fatigue.

L'élévation à laquelle on se trouve cause d'abord de l'étonnement, mais on s'y fait bientôt. Le siége de la selle du dromadaire que je montais était à sept pieds au-dessus du terrain. Les chutes faites avec ces animaux causent des accidents graves, mais elles sont assez rares.

Une autre chose qui, dans cette façon de voyager, déconcerte ceux qui ne sont habitués qu'à l'usage du cheval, c'est qu'ils ne se sentent pas maîtres de l'animal qui les porte. Point de bride, point de mors. Dans les villes il serait impossible, sans de grands inconvénients, de se confier, au milieu de la population, à l'intelligence de son dromadaire : on lui perce les narines, dans lesquelles on passe des petits cordons, ou plutôt des ficelles, qu'on tient à la main. En les maniant avec délicatesse il est facile de diriger et d'arrêter sa monture ; mais il faut une grande circonspection, car en y mettant de la rudesse on irrite l'animal, qui devient alors dangereux. Hors des villes on ne le conduit qu'avec un licol, et une courbache avec laquelle on frappe son cou, du côté où on veut le faire aller. La longe du licou n'est vraiment destinée qu'à l'arrêter, et voici comment elle agit : en tirant à soi la tête du dromadaire, ce que l'on fait aisément, le cou flexible et mince n'offrant aucune résistance, l'animal, replié sur lui-même, tourne et ne peut plus avancer. Différentes inflexions de la voix, usitées pour lui indiquer qu'il doit accélerer ou ralentir le pas, marcher avec attention, se coucher ou se lever, sont le complément des moyens qu'on emploie pour guider les dromadaires.

Nous devions voyager sur le territoire de la tribu de Maaze; car chacune a un arrondissement dans lequel des droits particuliers lui sont accordés et dont les pâturages lui appartiennent : elle est responsable des délits qui pourraient s'y commettre. Les limites de celle de Maaze sont, à l'ouest, la vallée du Nil; à l'est, la mer Rouge ; au sud, le chemin de Kénéh à Cosseïr, et au nord le chemin du Caire à Suez. Tout ce pays présente une surface de quatre mille lieues carrées, et il est tellement stérile que la tribu qui y règne, dont la population peut s'élever de deux mille à deux mille cinq cents âmes, et possède dix mille chameaux, n'aurait pas de quoi subsister, si le pacha ne lui avait donné un supplément de pâturage dans la vallée du Nil.

En voyageant avec une caravane composée de chameaux et de dromadaires, on ne peut parcourir chaque jour qu'un espace assez borné, parce que l'étendue de la journée doit être nécessairement calculée sur la marche plus lente des chameaux. Pour qu'il en fût autrement, il faudrait n'avoir que des dromadaires; mais ils ne portent pas de lourds fardeaux. Le nombre des animaux augmenterait donc beaucoup; avec cette augmentation vient celle des vivres qui leur sont nécessaires; ainsi la chose se complique. Le mieux est de s'en tenir à de petites journées et d'employer des chameaux; encore leur nombre est-il bien considérable, parce que leur charge qui, pour un petit trajet, peut être portée à sept ou huit cents livres, doit être réduite à quatre ou cinq cents tout au plus pour une longue route.

Les chameaux ont une marche régulière, longtemps soutenue, mais fort lente : on ne calcule pas leur vitesse au-delà de trois quarts de lieue par heure; pour dix lieues il leur faut donc douze heures et demie. Les dromadaires ne doivent pas porter un poids supérieur à deux cents livres ou deux cent cinquante au plus.

Ils peuvent parcourir de grands espaces en peu de temps, faire quatre lieues à l'heure et, avec quelques moments de repos très-courts, continuer à marcher pendant huit ou dix heures; mais cette allure est très-fatigante. Une autre, qui donne pour résultat une lieue trois quarts à l'heure, est au contraire fort douce, et celle qu'à la longue on doit choisir. L'un et l'autre pas sont un amble; le dernier est accompagné d'un balancement qui n'a rien de désagréable, et c'est celui que j'ai adopté presque constamment pendant tout mon voyage.

Nous partîmes assez tard du bord du Nil; en trois quarts d'heure nous avions quitté le pays cultivé. Nous montâmes par un ravin pendant une petite demi-heure et nous arrivâmes sur un plateau de cent à cent cinquante toises d'élévation. Il est ondulé, et l'on suit des plis de terrain qui forment des vallons peu profonds; mais on peut considérer le plateau comme à peu près horizontal. Le chemin est constamment facile et ouvert ; le terrain dur, solide, et composé de sable terreux, ne produit que dans des lieux rares et déterminés un peu de végétation, qui se borne à quelques épines, quelques acacias et des herbes dures et ligneuses. Les Arabes, qui ont parcouru le pays pendant toute leur vie, savent où se trouvent ces places privilégiées, et ils déterminent d'avance, en partant le matin, dans lequel de ces lieux on passera la nuit.

Parfois on rencontre des bouquets de bois composés de douze à quinze arbres. Ce sont des endroits de prédilection et qui jouissent d'une grande renommée.

Un peu avant la nuit, nous campâmes dans un de ces petits espaces, entre deux monticules, où il y avait quelque apparence d'une rare et faible végétation, que les Arabes m'avaient annoncé presque comme un jardin délicieux. La température avait déjà beaucoup changé : de douce qu'elle était sur les bords du Nil, elle devint très-froide, et le thermomètre tomba jusqu'à cinq degrés centigrades. Il en fut ainsi toutes les nuits, pendant notre séjour dans le désert. Dans la journée nous avions à l'ombre vingt-deux, vingt-trois et vingt-quatre degrés centigrades.

Nous nous remîmes en route deux heures avant le jour, afin de pouvoir marcher douze ou treize heures au moins, et faire encore notre établissement avant le coucher du soleil : ce fut la règle invariablement suivie pendant toute la durée de notre voyage. Dès les deux heures du matin on abattait les tentes, on chargeait les chameaux, et à quatre nous étions en mouvement. La caravane des dromadaires se séparait des bagages en marchant légèrement à son allure. A neuf ou dix heures, nous nous arrêtions pour notre halte du matin, puis nous nous reposions jusqu'à ce que les chameaux nous eussent dépassés. Quelque temps après, nous les rejoignions et nous arrivions un peu avant eux au lieu fixé pour notre campement. En une heure et demie tous les arrangements étaient faits, notre dîner préparé, et après avoir causé des remarques du jour, de ce qui nous avait le plus frappé, et fumé pipes et narguilés, véritables plaisirs en Orient, où l'on n'a pas grand embarras dans le choix de ses jouissances, nous nous livrions avec délices à un repos nécessaire pour réparer les fatigues du jour et nous mettre en état de supporter celles du lendemain.

Peindre les sensations que cause le désert est une chose difficile : pour les apprécier il faut les avoir éprouvées. La vue d'une nature morte et silencieuse, le sentiment de son propre isolement, la monotonie du mouvement qui transporte, et les réflexions qu'inspire un état tout nouveau, jettent dans une rêverie profonde et qui n'est pas sans charme. On se replie sur soi-même, on cherche à comprendre ces nations errantes, restées ce qu'elles furent du temps des patriarches, et qui depuis quatre mille ans n'ont changé ni d'habitudes ni de mœurs. C'est parce qu'elles les ont conservées qu'elles existent encore. La nature leur a donné les vertus et les qualités dont elles avaient besoin pour vivre dans l'état d'exception où elle les a placées, et les a marquées d'une empreinte ineffaçable.

On a raison d'appeler les Arabes « les enfants du désert » : c'est le désert qui les a faits ce qu'ils sont. Les hommes, au surplus, ne sont jamais que le reflet des pays où le sort les a jetés, et leur caractère en est la conséquence nécessaire. Par une disposition de pur instinct, les besoins font naître les habitudes ; une fois consacrées dans l'opinion, elles établissent les mœurs, et le caractère d'un peuple est fixé. Quand les institutions qu'il se donne sont en harmonie avec les causes premières ; quand les lois qui le gouvernent sont l'expression véritable de ses mœurs, il remplit toutes les conditions qui assurent sa conservation ; mais c'est la nature qui en a posé les bases. Placez des Arabes en Hollande et des Hollandais dans le désert, s'ils ne succombent pas immédiatement, par suite du changement brusque qu'ils auront éprouvé, ils seront promptement métamorphosés, et chacun aura bientôt pris une physionomie nouvelle, adopté les usages et les opinions qui lui sont indispensables. Les sociétés veulent vivre : sans se rendre compte des moyens, elles choisissent la route qui les conduit à leur but, et moins elles se laissent conduire par des doctrines pour y arriver, plus elles agissent d'instinct, et plus elles sont assurées de l'atteindre.

Une des premières conséquences de la manière d'exister des Arabes, c'est l'habitude des privations et d'une grande sobriété : pauvres et vivant dans des pays qui ne produisent presque rien, réduits aux seules ressources de leurs troupeaux, ils doivent les ménager et en être avares. Sous un climat qui diminue les besoins; accoutumés à une vie active, qui entretient les forces sans les épuiser; étrangers aux désordres qui altèrent les facultés physiques dans nos sociétés, les Arabes du désert peuvent supporter les plus grandes fatigues.

Il en résulte aussi, dans l'ordre moral, des

effets dont un voyageur qui réfléchit ne peut manquer d'être frappé.

D'abord la patience qu'ils montrent en tout. C'est en général une des vertus de ceux placés en présence de l'immensité : l'homme qui est soumis à l'action d'une force supérieure, accoutumé à reconnaître son impuissance, se soumet facilement à l'empire de la nécessité. Ce sont les obstacles médiocres, les petits intérêts et les petites passions, les difficultés que notre esprit nous représente comme susceptibles d'être vaincues, qui nous irritent : alors l'impatience est comme un redoublement d'action, une exaltation de nos facultés vers le but que l'on veut atteindre. Mais quand l'homme se trouve en face d'une difficulté réelle, disproportionnée avec ses forces, il se résigne ; et si l'expérience lui a enseigné que le temps et un effort réglé et continu sont les seuls moyens du succès, il prend alors l'habitude de la patience, et cette habitude passe dans sa nature. Le Hollandais, devant le puissant Océan, son éternel ennemi, sait qu'il ne peut lutter avec avantage contre lui que par la patience ; qu'un travail momentané est insuffisant pour donner un résultat favorable, tandis qu'un combat de tous les moments finira par le faire triompher, et il souscrit à cette obligation sans en discuter les inconvénients. De même un Arabe dont la vie se compose de marches dans le désert, sait que pour le traverser il lui faut beaucoup de temps, qu'il doit ménager ses moyens, et ses forces; dès lors les jours s'écoulent à ses yeux sans précipitation ni lenteur, parce que d'avance il les a comptés; il est entré dans un mouvement dont il a calculé les effets, auquel il s'abandonne avec confiance et tranquillité. Rarement l'approche de la mort cause de l'irritation : nous savons qu'elle a été la condition de notre existence, et l'on envisage l'éternité du même œil que l'Arabe voit l'entrée du désert dont il ignore la limite.

L'Arabe, en présence de besoins continuels, est forcé de développer toutes les facultés que la providence lui a données, et cette nécessité doit le grandir. Cependant plus qu'aucun autre homme il a le sentiment de sa faiblesse et du besoin de ses semblables, parce que chaque jour il éprouve ce besoin.

Les sociétés n'existent que par l'échange de services réciproques : c'est une action continue de services reçus et rendus qui lie les hommes; les riches font vivre les pauvres, ceux-ci servent les riches; l'homme de guerre défend l'état et le préserve des maux que l'étranger pourrait lui causer; le juge établit la paix entre les citoyens et assure la conservation de ce que chacun possède : et la société reconnaît ces services en distribuant la fortune et en accordant des honneurs à ceux qui lui consacrent ainsi leur vie. Le cultivateur, le fabricant, le négociant, servent aussi la société à leur manière, et reçoivent la richesse en échange.

Mais, dans notre état social, tous ces rapports réciproques sont établis entre les classes : ce sont des masses qui forment les unités. Chez les Arabes les rapports se restreignent; c'est de l'homme à l'homme qu'ils s'établissent, et un individu isolé est tellement incomplet, il est si fort convaincu de son impuissance, que seul il n'ose rien entreprendre, et on comprend que cela doit être ainsi. Là où l'homme ne peut rencontrer aucun secours, ne peut trouver aucun appui; ou, s'il est seul, et qu'il lui arrive un accident fâcheux, il est perdu; il faut que d'avance il ait pourvu aux besoins qu'il peut éprouver. Aussi jamais un Arabe ne va dans quelque lieu que ce soit, jamais il ne s'éloigne à la plus petite distance dans le désert, s'il n'a un compagnon pour l'assister.

Les Arabes marchent donc toujours en nombre, trois ou quatre ordinairement. Il résulte de ce sentiment de faiblesse individuelle une union qui resserre les liens de nationalité, qui identifie le sort de chacun avec celui de tous, et engendre un sentiment patriotique qui dépasse tous ceux dont nous avons l'idée. Une souche commune, un même sang qui coule dans leurs veines, la tribu n'étant qu'une famille développée par le temps, comme le nom l'indique ordinairement, ajoute encore à l'énergie de l'affection qui les unit.

Du sentiment personnel de sa faiblesse, de

celui des besoins auxquels on est soumis, dérive la vertu de l'hospitalité : on fait pour les autres ce que l'on désire qui soit fait pour soi, et l'on veut être en droit de réclamer un secours en l'accordant à ceux qui viennent le réclamer. Aussi la vertu de l'hospitalité est-elle universelle chez les Arabes ; ils la placent en première ligne de leurs devoirs. Protection au faible, secours au malheureux, à l'être souffrant, fût-ce même un ennemi, c'est une obligation tellement positive chez eux que celui qui y manquerait serait infâme à leurs yeux. Il y a un moyen de la rendre plus certaine encore, c'est de la réclamer au nom des femmes. Si celui qui, proscrit, craignant pour sa vie, vient se réfugier chez des Bédouins, déclare qu'il se met sous la protection des femmes, il est, dès ce moment, un être sacré, la tribu entière prendra les armes pour le défendre, elle risquera son existence pour assurer la sienne. Noble et doux sentiment, qui a mis l'infortune et le malheur sous la sauvegarde des mères, des épouses et des filles : juste hommage rendu à la générosité, au dévouement et à la pitié dont la providence a rempli leurs cœurs. Je citerai des faits remarquables, qui prouvent l'efficacité et la puissance de ces mœurs.

Un Arabe ne se décourage jamais. Il ne recule devant aucune difficulté, parce qu'il est certain de disposer du temps dont il a besoin pour réussir; effectivement, le temps n'est rien pour lui. Peu de travaux l'occupent, peu de devoirs l'assiégent : vivre et voyager avec sa famille, voilà ce qui compose l'intérêt de sa vie. Aussi est-il familier avec les plus grandes distances, et les compte-t-il pour rien. Cela est d'autant plus simple qu'il a moins d'obstacles qu'un autre à surmonter pour les franchir : peu de besoins sont faciles à satisfaire, et les plus longs trajets sont parcourus aisément avec le secours d'un animal qui porte d'assez grands poids, est très-sobre, ne boit jamais, marche toujours, et avec rapidité s'il le faut.

Les mêmes mots ont une signification différente de celle que nous leur donnons quand ce sont les Arabes qui les emploient. Je désirais visiter le couvent de Saint-Antoine dans le désert; les cheiks Arabes me dirent que cela était facile : je leur demandai si la route que nous suivions en passait loin, et si pour y aller nous allongerions beaucoup notre voyage; ils m'assurèrent que non, et que seulement il en résulterait un petit détour. Cette manière de s'exprimer me fit supposer qu'il s'agissait à peine d'une journée : mieux informé, je sus que c'était une augmentation de six jours de marche, et les six jours si longs pour moi étaient un instant pour eux.

Un autre trait caractéristique des Arabes, c'est leur amour pour la liberté et l'indépendance. Ce sentiment vient de lui-même chez tous les peuples quand les localités en favorisent le développement. Là où des moyens de défense naturelle sont offerts, l'idée de s'en servir et de résister vient à l'esprit. On l'a vu souvent dans les pays de montagnes : ce sont elles qui ont fécondé la liberté des peuples; elles sont devenues pour eux des forteresses imprenables; là ils ont échappé à leurs oppresseurs. Les eaux ont opéré de semblables prodiges : les Hollandais, retranchés derrière leurs marais et leurs canaux, ont bravé avec succès la première puissance de l'Europe.

Les Arabes ont des moyens particuliers de se soustraire à la tyrannie : la fuite est leur ressource. Un espace, sans limite, que seuls ils savent et peuvent traverser, est la garantie de leur sûreté. Emmenant tout avec eux, ils trouvent partout la patrie, leurs affections, leurs intérêts, leur bonheur. Ils sont tellement convaincus que le moyen de ne jamais perdre cette indépendance précieuse est de conserver leurs mœurs, qu'ils ont adopté des principes de conduite dont l'oubli serait une sorte de dégradation. Ainsi, il est interdit à l'Arabe de demeurer dans une maison, de peur qu'il ne prenne le goût d'y vivre, et même de camper près d'un village; il doit chercher des pâturages verts pour ses troupeaux, mais il faut que sa tente repose sur le sable, que la terre qui le porte soit stérile et lui rappelle constamment sa destinée voyageuse : enfin, selon leur expression pittoresque, « il doit rester toujours un Arabe de toile, et ne jamais devenir un Arabe de pierre. » Il semblerait qu'une petite société dont le chef a peu de puissance, et où règne une égalité fondée sur une origine commune, est en proie à l'anarchie : cependant il en est autrement. Un respect profond, constant et sincère, pour le cheik et pour les vieillards, est gravé dans tous les esprits. Le chef n'a pas de pouvoirs étendus, mais une influence immense; et comme il ne veut pas la compromettre, sa conduite prudente et modérée est toujours réglée par sa conviction et les lumières de sa conscience. Il modifie l'opinion de la tribu, mais il la respecte et ne la brave jamais; de là résulte une harmonie salutaire et conservatrice. Le respect envers le cheik et pour l'âge, sorte d'aristocratie naturelle, gage de l'ordre et de la paix, est poussé à un point extraordinaire. En voici un exemple. J'étais à causer au feu de mon bivouac avec le cheik Sagr; son frère Miraje, jeune homme charmant, actif, intelligent, impétueux, et tendrement aimé par lui, s'approcha de nous.

J'ordonnai qu'on lui offrît une tasse de café, boisson dont les Arabes sont très-avides ; mais il la refusa. Pendant que je lui en demandais le motif et que je cherchais à le deviner, le cheik Sagr s'éloigna ; alors Miraje accepta, non-seulement sans difficulté, mais encore avec plaisir et empressement, le café qu'il avait d'abord refusé : il aurait cru manquer à ce qu'il devait à son frère s'il avait bu ou mangé devant lui.

Je reviendrai sur les usages et les lois qui règlent ces sociétés, et sur les mœurs qui les ont consacrées.

Le 11 du mois de décembre, nous partîmes avant le jour. Le chemin suit ordinairement un pli longitudinal du plateau, qui forme une espèce de vallon peu profond. Toute cette partie de la chaîne est calcaire; des efflorescences se montrent fréquemment sur les coteaux voisins, et présentent de très-beaux cristaux.

Ce désert n'offre pas l'horizon sans limite qui caractérise celui de la rive gauche du Nil. Les sables sont solides et compactes, et ne sont pas poussés par le vent. On aperçoit des sites qui changent et donnent l'illusion qu'on traverse des pays habités. Un coteau qui se dessine à l'œil est suivi par un bas-fond parallèle; comme on n'en voit pas la profondeur, on est disposé à croire, par analogie avec ce qui existe partout ailleurs, qu'un cours d'eau s'y trouve, et que des villages y sont placés; mais en avançant on s'aperçoit que le fond de la vallée, comme les coteaux qui la forment, sont également privés d'eau, de végétation et d'habitants.

Il arrive cependant que, lorsque les hivers sont extrêmement pluvieux, ce qui arrive tous les trois ou quatre ans, il y a, çà et là, de l'herbe; et même quelques bassins qui conservent un peu d'eau sont susceptibles de culture. Alors un détachement de la tribu vient y camper, semer et faire une chétive récolte de céréales ou de pastèques; mais c'est une faveur dont la Providence est avare, et les Arabes ont rarement l'occasion d'en profiter.

Le 12, nous marchâmes constamment sur un terrain de même nature; le 13, nous trouvâmes des cailloux siliceux et des silex imparfaits. J'eus l'occasion, dans cette marche, de remarquer combien les Arabes sont disposés à l'exagération, leur enthousiasme facile à exciter, et quel trésor est pour eux la moindre quantité d'eau.

Les cheiks avaient supposé que, depuis peu de jours, il avait plu dans l'intérieur de la chaîne, sur la route que nous suivions, et ils connaissent des localités qui, dans ce cas, retiennent l'eau pendant quelques moments. Ils avaient envoyé en avant trois Arabes pour vérifier si leurs espérances étaient fondées; ces hommes revinrent à notre rencontre en poussant des exclamations de joie et de triomphe; du plus loin qu'ils nous aperçurent, ils nous crièrent : « Mollié kétiv! » (il y a beaucoup d'eau). Nous arrivâmes à l'endroit où nous devions trouver tant de richesses : c'était une petite flaque que quelques outres remplies mirent à sec immédiatement.

Le 14 et le 15, nous trouvâmes, comme les jours précédents, des couches de rochers cal-

calires; mêlées à des silex régulièrement formés; mais, le 16, les montagnes avaient changé de nature; c'étaient alors des granits gris et rouges, de la plus grande beauté, et des couches de porphyre.

Nous franchîmes une légère élévation, point de partage des eaux ; quand le ciel en envoie, une partie coule à l'ouest, et l'autre à l'est, du côté de la mer Rouge. Nous trouvâmes, dans divers lieux, quelques arbres rares (des mimosas). Autrefois ils étaient plus nombreux; mais comme les Arabes les coupent dans leurs voyages pour faire du feu, qu'ils n'en replantent pas, et que leur croissance exige des circonstances particulières, dans un certain nombre d'années il n'en existera plus.

On pensait généralement que les granits ne descendent pas plus bas que Syéné, d'où sont tirés ceux employés dans divers monuments; on était dans l'erreur. Les granits continuent au milieu de la chaîne pendant presque toute sa longueur, et en forment le centre. Si c'est à Syéné qu'on a ouvert les carrières, c'est que, placées près du Nil, le transport a été plus facile qu'en tirant les granits dans l'intérieur des terres.

On a trouvé dans cette chaîne d'autres richesses minérales : une mine de soufre a été découverte dans le sud, sur le versant de la mer Rouge, et l'on s'occupe à en tirer parti. On a retrouvé aussi la belle carrière d'albâtre oriental qui était connue des anciens. On l'exploite, et cet albâtre, d'une grande dureté, prenant le poli le plus beau et le plus éclatant, sert aux constructions de luxe qu'a ordonnées le pacha. Chaque jour cette exploitation s'améliorera.

Le 17 décembre, nous continuâmes à voyager au milieu des granits. Les montagnes, sans être fort élevées, sont âpres et escarpées ; les vallons resserrés et étroits. La couleur des granits est très-variée : il y en a de gris, de rouges, de roses, et tous du plus beau grain ; avec eux on rencontre aussi de très-beaux marbres blancs.

A la fin de la journée, nous sortîmes des gorges et nous entrâmes dans une vaste plaine, d'une étendue d'environ six lieues, qui s'étend jusqu'à la mer Rouge, et présente à l'œil un vaste glacis régulièrement incliné.

La vue de la mer, et surtout celle du mont Sinaï, produisirent sur moi une vive impression ; je me trouvais de nouveau en contact avec les lieux illustrés par les miracles.

Nous campâmes au pied de la montagne fort élevée connue sous le nom de Gebel-el-Garep. C'était à peu de distance que nous devions trouver une vaste citerne toujours remplie d'une eau abondante et limpide. Un ouragan, d'une violence extrême, régna toute la nuit, et nous eûmes beaucoup de peine à empêcher nos tentes d'être emportées. Le 18 au matin nous allâmes nous établir à la citerne où nous devions refaire notre provision, et nos bêtes se désaltérer.

J'étais curieux d'examiner l'impression que produirait la vue de l'eau sur des animaux qui en étaient privés depuis huit jours ; je fus confondu d'étonnement en n'en voyant pas un seul boire avec avidité, et plusieurs ne pas boire du tout. Assurément la providence les a doués largement des facultés nécessaires pour remplir la destination qu'elle leur a donnée.

La plaine que nous avions devant nous est aussi stérile que la chaîne que nous venions de traverser. Nous croyions approcher du terme de notre voyage ; le bâtiment qui devait me transporter sur la côte d'Asie, et qui avait été armé à Suez pour mon service, avait reçu l'ordre de m'attendre dans un mouillage au-dessous de Ghébel-Ezel, montagne isolée sur le bord de la mer. La côte, déchiquetée, donne de bons abris ; c'est un point de relâche fréquenté pendant les mauvais temps. Il est situé presque en face de la pointe méridionale de l'Arabie-Pétrée, vis-à-vis le cap qui sépare le golfe de Suez de celui de l'Agabak ; de ce côté la navigation établissait autrefois les rapports avec la ville de Pétra, dont les ruines sont si considérables et si dignes d'attention. Du point de la côte où nous allions arriver, on découvre la mer Rouge dans toute sa largeur, l'entrée du golfe de l'Agabak et celui de Suez, sur le bord même duquel on est placé.

Nous avions fait soixante-dix lieues et traversé trente lieues de calcaire, trente de granit, et une bande de dix lieues de large, voisine de la mer Rouge, qui se compose uniquement de grès.

Nous arrivâmes le 19 décembre, de grand matin, sur la côte de Ghébel-Ezet; mais le bâtiment sur lequel je comptais ne s'y trouva pas. Ce fut une rude contrariété, parce qu'elle me forçait de renoncer à une partie intéressante de mon voyage.

J'allai voir la fontaine d'huile de pétrole qui a donné son nom à la montagne. (Ghébel-Ezet veut dire montagne de l'huile.) A son pied, on a fait une excavation, qui se remplit d'huile et d'eau saumâtre : l'huile surnage; aussitôt qu'enlevée elle est remplacée, et plus on en prend, plus elle afflue. Cette richesse était exploitée dans l'antiquité.

J'ignorais la cause de l'absence de mon bâtiment et je pouvais craindre qu'il n'eût fait naufrage; événement fréquent sur cette côte difficile, bordée par des récifs, et avec les mauvais bâtiments employés sur cette mer et les matelots ignorants qui les montent : les ordres du pacha pouvaient aussi n'avoir pas été exécutés. Nous avions consommé presque toutes nos subsistances, et nous ne pouvions pas attendre, sans risquer d'aggraver notre position. Force nous fut donc de renoncer à gravir cette montagne, d'où l'Éternel dicta ses lois à Moïse, et de nous contenter de la contempler de loin.

Je me décidai à me rendre à Suez et je résolus de suivre le bord de la mer, en la côtoyant le plus qu'il serait possible. Mais nous rencontrâmes d'assez grandes difficultés dans notre marche. Les montagnes, qui se rapprochent bientôt de la mer et sont très-escarpées, forcent à franchir souvent et péniblement de nombreux contreforts, ou d'attendre que la marée soit basse, pour marcher au pied des rochers, dans l'espace que la mer laisse momentanément à découvert.

Une sensation particulière à ces lieux, c'est l'éclat prodigieux de la lumière : elle est tout autre que dans la vallée du Nil, où cependant elle répand une clarté bien supérieure à celle dont elle brille en Europe. L'effet qui en résulte est de rapprocher beaucoup les objets. On voit la côte de Thor avec une grande facilité et l'on reconnaît distinctement, à l'œil nu, la forme de tout ce qui a une dimension suffisante pour être aperçu à cette distance.

Nous passâmes encore la journée du 21 à Ghébel-Ezet, pour faire reposer nos animaux et avoir le temps d'explorer de nouveau la côte. Elle a plusieurs mouillages, et il aurait été possible qu'un malentendu eût fait aller le bâtiment dans le voisinage du lieu où nous avions cru le trouver. Les recherches les plus complètes ne nous firent rien découvrir.

Nous profitâmes de ce séjour pour chasser,

et nous tuâmes trois perdrix du désert, gibier délicieux, et deux corbeaux, qui nous parurent détestables, malgré notre vif appétit.

J'eus l'occasion de voir une chose qui s'offre rarement aux yeux des voyageurs, c'est l'accouplement des chameaux. Cette opération est fort singulière : elle s'exécute la femelle étant couchée sur le ventre, comme pour recevoir sa charge.

Nous vîmes aussi les Arabes préparer leurs repas : un peu de farine délayée dans l'eau et cuite sans levain, sur une plaque de fer, les compose en entier quand ils sont en voyage.

Le 22 décembre, nous nous mîmes en route dans la direction de Suez, en suivant le bord de la mer.

Pendant nos séjours et nos haltes, je causais souvent avec les cheiks bédouins qui nous accompagnaient. Ils m'ont raconté l'histoire de leur tribu dans les derniers temps, et m'ont donné sur leurs coutumes des détails que je vais rapporter.

La tribu Maaze est ancienne; elle vient de la portion de l'Arabie que l'on nomme l'Hedjaz. Elle était forte et puissante; mais elle n'avait que des pâturages insuffisants pour ses troupeaux. Le père du cheik Sagr, qui était grand-cheik de cette tribu, ayant entendu parler de beaux pâturages existant dans les montagnes, entre le Nil et la mer Rouge, vint les visiter. Leur aspect le séduisit et il conçut le désir et l'espoir de les posséder. Il fallait sans doute que le territoire de sa tribu fût horriblement misérable pour qu'il regardât comme un élément de bien-être de venir habiter ces pays. Il est possible que l'année qui avait précédé son voyage eût été une de ces années pluvieuses qui donnent naissance à une végétation assez étendue, et permettent même, dans quelques localités, un peu de culture. Quoi qu'il en soit, le grand-cheik des Maazes demanda que les pâturages lui fussent concédés, et il l'obtint des Mamelouks, qui en fixèrent les limites. Il retourna en Arabie apprendre à sa tribu quelles étaient les richesses qui venaient de lui échoir en partage, et lui proposa de venir s'y établir. Une partie seulement adopta son avis.

La difficulté de vivre réunis force les Arabes à se diviser; ce sont des fractions d'un tout. Chaque division compte de quarante jusqu'à cent tentes, et bien que comprise dans la nation ou la tribu, chacune d'elles, en général, se regarde comme indépendante.

Treize divisions formaient la nation des Maazes : huit suivirent le grand-cheik, cinq restèrent en Asie. Quoique fort éloignées les unes des autres, elles correspondent entre elles et s'entendent pour les intérêts communs. Les fractions de l'Hedjaz concourrent par leur vote à l'élection du grand-cheik : tout se fait en leur nom aussi bien qu'en celui des fractions de l'Égypte; c'est toujours la même famille.

Les pâturages qui avaient séduit ces dernières se sont desséchés depuis, et un supplément de terres, dans la vallée du Nil, leur a été donné afin d'assurer leur subsistance. Le désert, dont ils sont les maîtres, leur procurait autrefois d'autres ressources. Tout individu qui y entrait, sans leur permission, était dépouillé; et celui qui voulait le parcourir de leur aveu devait payer une somme déterminée.

Voisins, au sud et au nord, de deux autres tribus, ils étaient fréquemment en guerre et avaient, suivant les circonstances et les temps, une fortune bonne ou mauvaise. Mais aujourd'hui le pacha, qui les a mis dans sa dépendance pour les terres qu'il leur a données sur le Nil, ne leur permet aucune exaction; ils lui répondent même de la sûreté des voyageurs et de tout ce qu'ils portent avec eux. Il leur a défendu, en outre, les guerres de tribus, qui causent le désordre et jettent une sorte de perturbation dans les relations journalières. Les Maazes se conforment à cette intimation pacifique; mais c'est une nécessité à laquelle ils se soumettent à regret.

Chaque division de la tribu, ainsi que je l'ai déjà dit, se compose de quarante à cent tentes; chaque tente représente un ménage. Le nombre total des tentes, en Égypte, s'élève à cinq cents : ce qui fait deux mille âmes environ.

La nation est sous les ordres d'un cheik suprême, qui réside au Caire, près du pacha, dont il reçoit un traitement; il est l'intermédiaire par lequel passent les ordres de Méhémet-Ali à la tribu, et il lui sert d'otage. Chaque fraction est gouvernée par un cheik particulier, élu par les chefs de famille et pris parmi eux. Un cadi est aussi désigné de la même manière. Ces cheiks et ces cadis doivent être ensuite confirmés par le gouvernement de l'Égypte : leurs fonctions n'ont point de terme fixe, mais ils peuvent être révoqués dans la forme qu'ils ont été promus et par ceux qui les ont choisis.

Les pouvoirs des cheiks sont peu étendus ; ils se réduisent à commander les Arabes dans les expéditions militaires, et à leur transmettre les ordres du gouvernement, que leur notifie le grand-cheik.

J'indiquerai sommairement quelle est la législation de cette tribu, ou pour mieux m'exprimer, quels sont les usages qui la régissent.

Quand un assassinat est commis, c'est à la famille de la victime à se venger. *Le sang veut du sang*, tel est le principe : la loi du talion se présente si naturellement à l'esprit qu'on la trouve établie dans toutes les sociétés primitives. Le cheik ne se mêle en rien de cette affaire; mais voici comment les choses se passent, et ce que les mœurs ont consacré pour diminuer les conséquences d'une vengeance et d'une guerre intestine, qui perpétueraient le désordre dans la tribu.

Le meurtrier se cache ou s'expatrie. Au bout d'un, deux ou trois ans, il charge un de ses amis d'aller trouver la famille de sa victime et d'offrir des satisfactions. Si la famille consent à la recevoir en argent, elle établit ses prétentions. Le fondé de pouvoirs accepte toutes les conditions qui lui sont imposées; mais avant leur accomplissement les parents du coupable vont successivement chez ceux du mort, et chacun demande, comme une grâce qui lui est personnelle, la diminution de la somme. On l'accorde ordinairement; et souvent on parvient à réduire à deux mille piastres une prétention qui, dans l'origine, montait à vingt-cinq mille. L'indemnité payée, le coupable revient, et il n'est plus question du passé. Si la famille de la victime déclare qu'elle refuse toute indemnité et qu'elle veut du sang, le coupable reste proscrit.

Dans le cas où un vol a lieu, le cheik n'intervient pas davantage. C'est au volé à découvrir le voleur, et à réunir les preuves de la culpabilité : lorsqu'il y est parvenu, il traduit le coupable devant le cadi, qui juge, non pas d'après des lois écrites, car il ne sait pas lire, mais selon les traditions qui existent dans la tribu. La condamnation prescrit le paiement d'une somme égale à quatre fois au moins, six, et même dix fois, la valeur de l'objet dérobé. Si l'homme condamné se refuse à exécuter la sentence, il faut qu'il s'expatrie.

Lorsque deux Arabes ont un procès, le défendeur, appelé devant le cadi, est obligé d'amener une caution avec lui : s'il perd son procès, la caution paie sur-le-champ. Elle doit être remboursée dans un délai très-court, sinon elle accorde un nouveau délai, et reste maîtresse de doubler et de tripler la somme. Si enfin le débiteur refuse de s'acquitter, la tribu entière se joint, pour l'y contraindre, à celui qui l'a cautionné; alors on prend ses biens et on les donne à la caution. Mais presque jamais cela n'arrive, attendu qu'il y a un grand respect pour les droits de chacun, et une grande fidélité à tenir ses engagements.

Les fortunes des Arabes de cette tribu sont fort diverses; mais leur inégalité n'apporte aucune différence dans les droits, qui sont les mêmes pour tous. Quelques-uns possèdent jusqu'à cinq cents chameaux; le terme moyen est de vingt, et leur nombre total s'élève à dix mille. Ces Arabes ont aussi d'autre bétail, comme brebis et chevaux; toutefois la quantité en est fort peu considérable. Les fractions des Maazes, qui sont dans l'Hedjaz, ont beaucoup de brebis. Les rapports entre les deux branches de la famille sont fréquents, et celle de l'Hedjaz, qui est la moins nombreuse, envoie son adhésion à tout ce que fait la tribu qui réside en Égypte.

Ils ont, comme tous les Arabes en général, une haute idée de la noblesse de leur sang, et un mépris profond pour les fellahs. Ils ne se marient jamais qu'entre eux, et croiraient déroger s'ils épousaient une étrangère. Ils achètent quelquefois des femmes esclaves, mais ils n'en ont jamais d'enfants. Ils achètent aussi des esclaves noirs mâles, et, comme dans tout l'Orient, ils les traitent bien, et les admettent à tous les droits de la famille : cependant ils ne s'allient pas avec eux ; on leur donne des femmes nées d'esclaves, comme eux, ou on leur en achète.

L'intelligence des Arabes est très-grande ; leur esprit est prompt, leur attention toujours soutenue, et leurs facultés servies par des sens exquis. Une vue d'une force et d'une étendue incroyables, fortifiée par l'habitude d'observer, leur fait découvrir tout ce qui se passe dans l'espace le plus vaste, où nous pourrions à peine, avec de bonnes lunettes, découvrir les mêmes objets. Le moindre bruit les frappe. Leur mémoire locale a quelque chose de prodigieux. Ils se rappellent tous les lieux par où ils ont passé : quelques pierres placées dans des endroits déterminés, et d'une manière particulière, leur servent de points de direction et leur suffisent pour se reconnaître. Leur organisation est donc très-fine et très-parfaite, et un exercice constant en a développé la puissance.

Ils n'ont aucune idée abstraite de la division du temps, ni de celle, en vingt-quatre parties, de la révolution diurne. Quand on leur demande : « Combien nous faut-il de temps » pour nous rendre à tel endroit? » Ils répondent, en montrant du doigt un point du ciel : « Le soleil sera là quand vous y arriverez; » et ils ne se trompent jamais. Ils déterminent midi lorsque l'ombre de leur corps ne dépasse pas l'extrémité de leurs pieds; et pour la marche de nuit, ils disent : « Nous serons en tel » lieu quand le soleil se lèvera. » En général, ils comparent toujours le mouvement du soleil à l'espace qu'ils parcourent; mais ils n'ont pas d'unité de temps, qui se rapporte à la division de la journée.

Les Arabes sont doux, obligeants et attentifs pour les étrangers. Tous ceux que j'avais avec moi, et les chefs particulièrement, n'étaient occupés qu'à deviner nos désirs pour les satisfaire.

Le cheik Sagr est d'une beauté remarquable;

il a trente et quelques années, un teint cuivré tirant sur le noir, des manières douces, polies, respectueuses, mais remplies de dignité. J'ai déjà dit qu'il était le fils du grand cheik qui amena sa tribu de l'Asie, il y a quatre-vingts ans. Il est le neveu de celui qui occupe aujourd'hui la même dignité.

Les Arabes sont bons musulmans, sans fanatisme. Nous voyagions dans le temps du Ramazan, et jamais nos cheiks n'ont enfreint ses lois, malgré leurs fatigues.

Les femmes arabes ne sont pas voilées; elles ne manquent pas de beauté et jouissent d'une grande liberté, dont on assure qu'elles abusent rarement. Elles exercent un grand crédit sur la tribu, et ce que j'ai déjà raconté, de l'efficacité que l'invocation de leur nom donne à la protection accordée aux proscrits, le prouve.

En 1798, le général en chef de l'armée d'Égypte avait fait la paix avec le cheik suprême de la tribu de Maaze : six fractions admirent cette paix, et depuis elles vécurent constamment en bonne harmonie avec nous :

chacun y trouvait son compte. Mais les deux autres fractions avaient reçu des Mamelouks sous la protection des femmes : il aurait fallu les abandonner par suite d'une paix avec les Français; ils aimèrent mieux braver tous les inconvénients de la guerre, et ils furent fidèles au malheur, aux dépens de leur bien-être et de leur sûreté.

Le 22, nous campâmes dans une grande plaine, non loin de la mer, et en face du mont Sinaï. Cette montagne majestueuse se présentait dans toute sa gloire. Point culminant de toute la chaîne de l'Arabie Pétrée, entouré de trois côtés par la mer, le Sinaï domine tout ce qui l'environne; du nord au midi la chaîne ne cesse de s'élever jusqu'à ce qu'elle soit arrivée au mont Sainte-Catherine qui en est la cime. Passé ce point, elle s'abaisse de trois côtés : vers le golfe de l'Agabah, celui de Suez, et le cap qui divise les deux golfes à leur naissance. Ce sont trois superbes amphithéâtres.

Cette montagne, tout imposante qu'elle soit, ne dépasse pas en hauteur le mont Liban : aucune de celles qui sont en Asie, à l'ouest de l'Euphrate, ne lui est supérieure. C'est en s'avançant, au nord et vers l'est, que l'on trouve les chaînes élevées qui semblent la charpente du monde.

Le 23, nous partîmes à deux heures du matin, afin de pouvoir arriver de jour au couvent de Saint-Paul, que je désirais visiter en détail. C'est un établissement dont la création date de l'époque où des cénobites, d'une ardente piété, s'éloignèrent des hommes pour vivre dans le désert, et se consacrer entièrement à Dieu. J'étais curieux de voir ces lieux de retraite et ceux qui les habitent aujourd'hui, ces successeurs de saint Antoine et de saint Macaire. Nous avions aussi un autre motif : nos provisions étaient à peu près épuisées, nous désirions les renouveler, et nous espérions que ces bons pères, dans leur esprit de charité, viendraient à notre secours. Nous fîmes donc diligence, et d'assez bonne heure nous arrivâmes au monastère, après avoir marché pendant dix heures.

Le couvent de Saint-Paul est situé à six lieues de la mer : placé au fond d'un ravin tourmenté, au milieu de rochers dont l'accès est rempli d'obstacles, et en arrière d'une suite de petites vallées rocailleuses, il est difficile de le découvrir et on ne l'aperçoit qu'au moment de le toucher. Une enceinte, formant un carré long assez étendu, et d'une grande élévation, s'offre alors à la vue ; mais on ne distingue aucune porte pour y pénétrer : seulement on remarque, à trente pieds de hauteur, une ouverture assez large, et en avant un bras en charpente qui fait saillie, et auquel sont attachées une poulie et une corde.

Quand nous fûmes rendus au pied des murailles, le supérieur et plusieurs moines se présentèrent à cette espèce de fenêtre, pour connaître nos désirs. Nous demandâmes à entrer dans le couvent ; mais nous ne l'obtînmes qu'après une assez longue négociation.

On voulut savoir d'abord si nous étions chrétiens; on nous le fit jurer, en ajoutant : « De véritables chrétiens? » Nous l'assurâmes, et il fut décidé que trois d'entre nous seraient reçus à la fois.

On renonça bientôt toutefois à cette condition restrictive, lorsqu'on eût reconnu que nous n'avions aucun projet hostile, et le père supérieur mit le pied dans le nœud d'une corde accrochée à une autre poulie, dans laquelle passait le câble partant de la potence. La corde se déroula, et il arriva promptement à terre. Nous nous confiâmes successivement au même appareil pour monter, ayant le soin de frapper avec le pied, pendant le trajet, le mur devant lequel on nous élevait, pour nous en tenir à distance, et chacun de nous fut admis à son tour dans le couvent.

C'est sur son emplacement, dans une grotte profonde, que se retira saint Paul ermite, pour faire pénitence. Toute sa richesse consiste dans deux sources abondantes d'une eau excellente : elles ont déterminé le choix de ce lieu, le plus triste et le plus retiré de ce désert, déjà si triste, pour y bâtir un monastère devenu par la suite une station précieuse pour les rares voyageurs qui suivent cette côte.

Une des sources est dans l'enceinte, c'est la meilleure; celle du dehors est à la disposition des Arabes et de quiconque veut y puiser. Elles ont une température de dix-sept degrés centigrades.

L'intérieur du couvent ressemble à un village arabe. L'espace clos de murs est rempli de petites maisons de la dimension de celles des fellahs. Chacune d'elles sert à loger un moine, dont l'habitation se trouve composée de deux pièces; la première au rez-de-chaussée et l'autre au-dessus, où l'on arrive par une petite échelle. Au milieu de l'enceinte sont trois églises : l'une d'elles tient, par un pont-levis, à une tour qui est approvisionnée en subsistances, et forme comme un réduit. A l'extrémité de l'enceinte est un jardin potager, cultivé par les moines, et dans lequel croissent quelques palmiers.

Le monastère de Saint-Paul a été élevé dans le quatrième siècle, à l'époque où la passion pour la vie du cloître embrasait tous les esprits. L'Égypte fut le pays où cette vocation se fit sentir de la manière la plus forte. Cinq mille couvents, répandus sur sa surface, étaient habités par soixante-quinze mille moines et vingt mille religieuses. Aucune partie de l'Europe n'a jamais rien offert de semblable. Les désordres qui régnaient alors dans l'empire romain déterminèrent sans doute une foule d'individus à chercher dans ces demeures un asile contre la misère et les violences. Parmi eux se trouvaient probablement beaucoup d'hommes ignorants et grossiers; mais à leur tête étaient des génies d'un ordre supérieur, des saints renommés par leur sagesse et leur piété, des écrivains illustres. Quel étonnement ils éprouveraient, s'ils pouvaient voir leurs successeurs!

Cette église d'Alexandrie, c'est-à-dire cette église d'Égypte, qui était si nombreuse qu'elle envoyait cinquante-trois évêques à un concile, fut remarquable par son esprit de controverse, et l'une des premières à donner le triste spectacle d'un schisme. Elle est représentée actuellement par quelques moines ignorants, que la paresse, et souvent des vices plus honteux, ont réunis.

Trente-cinq moines occupent le couvent de Saint-Paul. Parmi eux il y a dix prêtres, dont quatre seulement savent lire. Ils disent la messe en langue cophte, qu'ils ne comprennent pas. Ils se rendent à l'église quatre fois dans l'espace des vingt-quatre heures, et l'on se demande ce qu'ils peuvent faire pendant le reste de la journée. Ils s'emploient à de menus travaux pour la maison et à la culture du jardin ; mais cela est bien peu de chose, comparé à ce que le temps dont ils disposent pourrait leur donner le moyen d'exécuter.

Les églises, quoique assez ornées, sont fort sales et très-mal tenues ; rien, en entrant dans ce monastère, n'inspire de respect pour ses habitants. On conçoit qu'avec de tels gens la bibliothèque, ou la réunion de livres que l'on nomme ainsi, ne soit pas considérable. Elle se compose de treize volumes, écrits en cophte avec des caractères grecs. La règle suivie est celle de Saint-Antoine : elle est austère, et défend de manger jamais de viande.

Ces moines sont schismatiques grecs, et vivent d'aumônes. Le patriarche cophte, résidant au Caire, fait faire des quêtes annuelles qui servent à l'entretien du petit nombre de couvents qui dépendent de lui.

Deux fois l'année on approvisionne pour six mois les couvents du désert. Ils sont tenus de fournir gratuitement des vivres et de l'eau à tous ceux qui se présentent à leur porte; mais ils sont autorisés à recevoir des aumônes. Après avoir obtenu des moines de Saint-Paul des lentilles et des fèves, pour nous et nos chameaux, je leur en fis d'abondantes, qui représentaient plusieurs fois la valeur de ce qu'ils nous avaient donné. C'était une condition tacite.

Ces religieux sont, plus que d'autres, victimes des inconvénients du climat de l'Égypte : je remarquai que la moitié étaient borgnes. Ils nous firent les plus étranges questions. Ils nous demandèrent si les moines en Europe disaient la messe comme eux; si les laïcs avaient plusieurs femmes légitimes et pouvaient les renvoyer et divorcer ; si nous divisions l'année en mois, et en semaines de sept jours. Ils étaient curieux de savoir si nous, qui paraissions être des savants, nous n'avions pas lu dans nos livres des prédictions sur l'avenir, et surtout sur l'époque à laquelle les chrétiens seraient affranchis du joug des musulmans. Ils nous dirent qu'ils avaient trouvé dans les leurs qu'un nommé Mohamet-Ali devait régner en Égypte. Si cette croyance est répandue parmi les cophtes, je suis assuré qu'elle ne déplaît pas au pacha et qu'il ne mettra aucun obstacle à ce qu'elle se répande.

Vers la fin de la journée nous eûmes une forte alarme : la santé du comte de Brazza, altérée par ce long voyage, ne lui permettant pas de supporter une marche un peu rapide, il avait été convenu qu'il suivrait la caravane des chameaux. Jussuf-Kiachef, dont le dromadaire était fatigué, devait rester avec lui. Le pas des chameaux est si lent qu'insensiblement ils laissèrent prendre une avance considérable au reste de la troupe dont ils faisaient partie, ainsi qu'aux guides qui devaient les conduire. Ils crurent me suivre, et ne s'aperçurent de leur erreur que lorsqu'il n'était plus temps de la réparer. Les équipages étant arrivés sans eux, je compris qu'ils s'étaient égarés, et s'égarer dans le désert, sans vivres, sans personne qui ait la connaissance des lieux, est tout ce qu'il y a de plus effrayant. Miraje, le jeune frère du cheif Sagr, était avec M. Brazza et Jussuf-Kiachef; mais il n'avait point encore fait cette route, et ne pouvait leur être utile que par cette intelligence générale du désert qu'ont tous les Bédouins.

Je fis partir, dans deux directions, des gens pour aller à leur rencontre, et porter du bois sur les sommets des montagnes environnantes, afin d'y allumer des feux aussitôt que la nuit serait arrivée; mais tout cela n'était pas de nature à dissiper mes inquiétudes. Enfin, à la nuit tombante nos voyageurs parurent. Miraje, après avoir gravi beaucoup d'élévations sans rien découvrir, cherché avec soin la trace des dromadaires sans rien voir, proposa de marcher le plus rapidement possible, en se rapprochant de la mer, de manière à couper le chemin qui y conduit du couvent. Il savait qu'un bâtiment avait fait naufrage sur ce point, quelques mois auparavant, et que les débris en avaient été portés à Saint-Paul. Ces transports devaient avoir laissé quelques traces; si on les suivait, dans la direction de l'ouest, on atteindrait le point désiré. Cette combinaison réussit, et nous les ramena; les provisions qu'ils rapportaient ajoutèrent à notre plaisir de les revoir.

Dans leur route, ils avaient trouvé une hyène occupée à se repaître d'une gazelle, que sans doute elle avait surprise : à leur apparition, l'hyène s'enfuit abandonnant sa proie; à peine avait-elle commencé son repas, et ce qui restait nous fut, pendant deux jours et demi, d'un grand secours.

Le 24 décembre nous continuâmes notre route pour Suez, en longeant le bord de la mer. Nous eûmes à l'ombre, à midi, vingt-trois degrés, et trente-deux au soleil. L'hygromètre indiquait six degrés de différence entre le thermomètre sec et le thermomètre mouillé. La température de la mer était de vingt-deux degrés.

Pendant la longue halte que nous fîmes au milieu de la journée, pour attendre nos chameaux, nous ramassâmes une grande quantité de coquillages qui nous procurèrent un très-bon repas. Il en fut de même les autres jours, jusqu'à notre arrivée à Suez.

Le 25, nous fûmes obligés de franchir un passage extrêmement difficile : la mer battait une montagne escarpée et ne permettait de suivre le rivage que dans le moment où la marée est fort basse. Il y aurait eu une fâcheuse complication dans nos embarras à attendre un résultat toujours incertain, excepté dans le temps des syzygies. Il fallut se décider à gravir le contrefort élevé qui se trouvait devant nous, et le traverser par un sentier étroit, au-dessus d'un précipice. Nos chameaux et les dromadaires furent déchargés et conduits à la main : ils passèrent avec une grande adresse, et leurs charges furent transportées à bras, par nos Arabes, de l'autre côté de la montagne.

Nous campâmes non loin, dans un endroit où il y avait un peu de végétation, et le lendemain, avant le jour, nous étions en marche.

Le 26, nous rencontrâmes des localités presque semblables ; mais comme la mer était basse, nous pûmes continuer notre route, au pied du rocher, en marchant dans l'eau à une profondeur de deux pieds.

Nous arrivâmes dans une plaine assez vaste, qui correspond à l'entrée de la vallée de l'Egarement : c'est une oasis couverte d'herbe, d'arbres de différentes espèces et de roseaux, mais entièrement dépourvue de bonne eau. Nous cheminâmes jusqu'à une heure avancée de la nuit, afin d'atteindre un puits dont l'eau devait, nous dit-on, être potable. La pluie était venue rendre notre marche plus pénible, et ce que nous trouvâmes ne nous dédommagea pas de nos fatigues. Notre provision d'eau étant entièrement consommée, il fallut boire de celle du puits, auprès duquel nous dressâmes nos tentes : elle était salée et horriblement mauvaise, et le café que l'on fit avec détestable. Nous souffrîmes beaucoup. Nos chameaux, ne vivant que de la plus petite ration, étaient très-faibles : cinq succombèrent et furent abandonnés pendant cette journée pénible. Heureusement nous approchions du terme de notre voyage.

Le lendemain 27, après neuf heures de route, nous atteignîmes enfin Suez, l'ancienne Arsinoé. Le désert continue jusqu'à la porte même de la ville.

Le gouverneur était venu à une lieue à ma rencontre. Informé que le bâtiment envoyé par lui à Ghébel-Ézet, pour y être à mes ordres, n'y avait pas paru, le pauvre homme fut consterné et se justifia de son mieux. J'étais fort disposé à me plaindre; mais ses regrets me parurent si vifs, il redoutait tellement le mécontentement de Méhémet-Ali, que je finis par le consoler, et pris l'engagement de le disculper auprès du pacha, ce qui lui rendit un peu de calme et de sécurité.

La ville de Suez a eu autrefois de l'importance; elle était le port par où se faisait le commerce de l'Inde. On y voit encore d'assez belles maisons qui indiquent que, même dans des temps peu éloignés, elle était plus considérable, et le centre de plus grands intérêts qu'à présent. Les relations commerciales et le mouvement des affaires devaient l'animer et y rassembler une population nombreuse. En ce moment elle se réduit à quelques centaines de familles, ou à douze cents habitants à peu près. Quelques bâtiments, non pontés, sont dans le port et font le commerce avec la côte d'Arabie jusqu'à Moka, où ils portent des vivres, et d'où ils rapportent du café. Ils transportent à Djedda les pélerins qui vont à la Mecque; mais cette navigation est pleine de périls; les bâtiments sont mauvais, les matelots ignorants, la mer remplie de récifs, que les coraux, dont le fond est couvert, augmentent sans cesse. Enfin, les côtes n'ont d'habitants que dans des points déterminés, peu nombreux, et celle d'Afrique est presque entièrement déserte. Aussi les bâtiments, quand ils le peuvent, ne naviguent pas la nuit; ils mouillent tous les soirs et voyagent plusieurs de compagnie, afin de pouvoir se porter secours réciproquement s'il arrive malheur à l'un d'eux.

La température des eaux de la mer, qui, le 24, était de vingt-deux degrés, tomba successivement à seize et dix-sept degrés, et, le 28, elle était à douze cinq dixièmes ; celle de l'atmosphère, à neuf heures du matin, était de treize degrés à l'ombre.

Un négociant chrétien de Suez, remplissant les fonctions de consul d'Angleterre, me donna l'hospitalité et me reçut à merveille.

Le 28, j'allai voir les fontaines de Moïse, situées sur la côte de l'Arabie-Pétrée, à quatre heures de marche. Je traversai le fond du golfe à la marée montante ; le courant était extrêmement rapide. La pression de la mer, quand elle agit, par une base large, sur un espace qui va toujours en se rétrécissant, produit constamment le même effet. A Suez, la marée est de six pieds ; lorsque la mer est basse, au-dessous de la ville, on peut traverser le golfe à pied.

Des dromadaires m'attendaient sur la rive d'Asie, et j'arrivai, en une heure vingt minutes, aux sources de Moïse ; elles sont au nombre de quinze ; plusieurs fournissent quelque peu d'eau, mais dont rien ne facilite l'écoulement, parce que les sources sont ensablées. Une chose remarquable, c'est que l'eau sort toujours d'élévations que ses dépôts ont créées avec la succession des années, et le concours des débris de la végétation, que l'humidité du sol entretient. Les sources parcourent des espaces souterrains dont les parois sont compactes, et contiennent l'eau en résistant à une certaine pression. Les dépôts qu'elles forment à leur sortie obligent l'eau à monter ; elle continue à le faire jusqu'à ce que, le conduit cédant à l'action de son poids, elle s'ouvre une nouvelle route.

De ces sources la plus haute est tarie, et son eau a pris un autre cours. Leur température varie de seize jusqu'à vingt degrés centigrades. Les plus froides sont potables, quoiqu'elles aient un goût légèrement saumâtre ; on pourrait les faire servir à l'approvisionnement des vaisseaux.

Les Vénitiens y avaient disposé une aiguade lorsque, d'accord avec le soudan d'Égypte, ils entretenaient une flotte dans la mer Rouge pour combattre les Portugais, après la découverte du cap de Bonne-Espérance (1).

Je reconnus les travaux qu'ils avaient faits; ils consistent en conduits maçonnés fort étroits, espèces de rigoles qui recevaient l'eau de chacune des fontaines. Ils sont nombreux et aboutissaient à un canal plus large, qui réunissant toutes les eaux, les amenait dans un bassin formant un réservoir assez vaste. Les sources ayant leur bouche fort élevée (de vingt jusqu'à trente-cinq ou quarante pieds), la pente des canaux était réglée et le bassin construit de manière à ce qu'ils se trouvassent au-dessus du niveau de la mer. Un canal, sortant de ce bassin, fournissait l'eau aux barques qui venaient s'approvisionner. Il y a mille toises environ des sources à la mer. Comme elles coulent sans cesse, et que la con-

---

(1) Sous Soliman II, la flotte des Turcs, dans la mer Rouge, était composée de quarante-une galères et de neuf gros vaisseaux : ainsi il y avait alors le moyen de l'approvisionner en eau. Cette flotte fut armée à Suez en 1538. Les Portugais vinrent dans cette mer en 1540.

sommation de l'eau n'était qu'accidentelle, il se formait des approvisionnements qui pourvoyaient à tous les besoins.

Il serait aisé de rétablir cette aiguade ; rien aussi ne serait plus utile, et cela me paraît urgent d'après le désir qu'a Méhémet-Ali de voir l'Égypte devenir l'intermédiaire du commerce entre l'Europe et l'Inde. On ne pourrait s'en passer s'il reprenait cette route ; car la ville de Suez n'offre, en eau potable, que les ressources les plus chétives et les plus difficiles à exploiter.

Je revins à Suez avec une égale rapidité, et je repassai le golfe dans la même barque qui m'avait amené ; elle était conduite par un équipage nombreux qui ramait avec des pagaies, en accompagnant chaque mouvement de chants réguliers. L'usage de ces rames courtes et larges et de ces chants réglés, à intervalles périodiques, est constant sur cette mer.

Le 29 décembre, en partant de Suez, j'allai visiter les restes du canal qui liait, autrefois, la navigation du Nil avec celle de la mer Rouge. Des berges élevées et parallèles en montrent les bords. Son tracé était irrégulier, son cours sinueux, et sa largeur très-grande. Il aboutissait à l'extrême pointe nord du golfe, à une lieue environ de la ville de Suez. J'en suivis le développement pendant trois lieues : il présente toujours le même aspect.

Des reconnaissances multipliées, faites pendant l'occupation française, par les ingénieurs civils attachés à l'expédition, l'ont fait connaître d'une manière très-précise. Il est extrêmement probable que cette partie du canal fut l'ouvrage des califes, et que, plus anciennement, ce terrain était couvert par la mer Érythrée, qui se prolongeait jusqu'aux lacs Amers.

La ville d'Héroopolis était située sur le bord de la mer et donnait son nom à l'extrémité du golfe, comme le fait Suez aujourd'hui. Héroopolis était aussi placée dans la terre de Gessen. L'historien Flavius Josèphe le dit formellement, en rendant compte de l'entrevue de Jacob et de son fils. Les septante, qui écrivaient cinquante ans après la conquête d'Alexandre, ont adopté cette interprétation, dans la traduction de la Genèse, ce qui détermine d'une manière positive la situation de cette ville. Elle se trouvait d'ailleurs sur la route directe que devait suivre Jacob, se rendant de Bersabé (environs de Gaza) à Memphis. Il paraît démontré, par ces divers rapprochements, que la mer Rouge s'étendait jusque dans la terre de Gessen (1).

D'un autre côté, Pline dit que le canal des rois, projeté par Sésostris, pour joindre le Nil à la mer Rouge, avait soixante-deux milles. A présent la distance est beaucoup plus grande.

D'après Hérodote, il y avait mille stades du Mont Cassius, dont la position est connue, à l'extrémité de la mer Érythrée. De ce mont, à l'est de Péluse, jusqu'à la pointe nord du lac Amer, il y a cent mille mètres, qui correspondent aux mille stades d'Hérodote. On doit donc conclure que la mer Érythrée comprenait le lac Amer et s'avançait fort au nord de Suez, dans l'intérieur des terres. Des atterrissements, causés par l'action de la mer, des vents et des marées, auront créé un banc à peu de distance de Suez. L'extrémité du golfe, séparée de la mer, sera devenue un lac qui, se desséchant avec le temps, aura formé des

(1) L'emplacement probable de l'ancienne ville de Héroopolis est à Abou-Kachab. Beaucoup de ruines se trouvent réunies dans le lieu situé à l'extrémité de la vallée de Saba-Abyar.

marais salins, tels qu'ils sont aujourd'hui.

En se rappelant ce qui fut fait dans des temps postérieurs, pour établir la navigation entre le Nil et la mer Rouge, par le lac Amer, on trouve, selon M. l'ingénieur en chef Lepère, que cette navigation était divisée en quatre parties.

Dans la première, le canal avait cinq lieues : il aboutissait au lac Amer, dont le bassin est à sec maintenant. La navigation traversait le lac dans sa longueur, qui était de neuf lieues; puis le canal était continué dans l'Ouadi, ou vallée, dont l'étendue est de quinze lieues. Enfin il sortait de l'Ouadi et arrivait au Nil, dans la branche Pélusiaque, près de Bubaste, et cette dernière partie avait cinq lieues. Ainsi il y avait trente-quatre lieues de navigation du Nil à la mer Rouge.

Au Mouqfar, il y a des ruines qui indiquent qu'un ancien établissement public considérable existait sur ce canal, et Strabon dit qu'il servait aux marchands d'Alexandrie pour leur commerce avec l'Inde.

D'après des nivellements faits avec le plus

grand soin, il a été reconnu que le lit du canal actuel est peu au-dessus du niveau de la mer haute : sa pente, vers le bassin du lac Amer, donne une hauteur de quinze pieds, à douze mille toises de distance.

Le fond de celui-ci est de beaucoup inférieur et les parties les plus profondes donnent une différence de cinquante pieds avec la mer haute. D'un autre côté, les eaux du Nil se rendent naturellement dans l'Ouadi, à l'époque de l'inondation.

On voit que tous les éléments d'une navigation intérieure sont réunis. Elle ne peut être contrariée que par les variations de la hauteur des eaux, résultant de la crue du Nil et des marées ; mais si ces difficultés pouvaient embarrasser les anciens, qui ne connaissaient pas les écluses, elles ne seraient rien aujourd'hui, et l'on pourrait tirer facilement un bon parti de la disposition naturelle du terrain.

Le canal Pharaonique, qui allait de Bubaste à la mer, fut abandonné sous les Ptolémées et les Romains, sans doute à cause de ces mouvements irréguliers des eaux, qui empêchaient qu'on pût s'en servir constamment. Les dangers de la navigation du nord de la mer Rouge diminuaient d'ailleurs son utilité. Les rapports avec l'Inde s'établirent par Bérénice, et l'on y transporta par terre les marchandises de Cophtos, située dans la vallée du Nil. Bérénice, qui se combla, fut remplacée par le vieux Cosseïr, situé plus au nord; mais celui-ci étant devenu impraticable, à son tour, par les madrépores qui le remplirent, le nouveau Cosseïr, port actuel de cette partie de la côte, lui succéda.

Les Arabes rétablirent le canal des Rois et le continuèrent au-delà du lac Amer, jusqu'à Suez. En faisant la prise d'eau, non plus dans la partie inférieure de l'Égypte, mais près de Fostat (le Caire), un canal, connu sous le nom du Prince-des-Fidèles, fut creusé, et conduisit les eaux du Nil de ce point au canal des Rois, près de son entrée dans l'Ouadi. C'est sous le califat d'Omar que cette navigation fut établie : elle dura plus d'un siècle. Sous le calife Abu-Giafar-el-Mansour, elle fut détruite, en haine, dit-on, d'un prince révolté de l'Arabie, à qui elle offrait des avantages.

Cette description sommaire peut donner une idée de la disposition des lieux. M. Lepère a fait un projet de rétablissement de la navigation intérieure, dont l'exécution paraît aisée et les résultats certains et étendus. Il consiste à diviser cette navigation en quatre bassins, dont les eaux, ayant dans chacun une hauteur différente, seraient soutenues au moyen d'écluses.

Le premier se composerait de la portion du canal qui communiquerait avec le Nil; le second, du canal dans toute la longueur de l'Ouadi; le troisième, du lac Amer, dont les eaux seraient portées, chaque année, au niveau des inondations les plus grandes; et le quatrième, du canal qui, du lac Amer, communiquerait avec le golfe. La navigation serait assurée pendant huit mois, et ces canaux serviraient, en outre, les intérêts de l'agriculture, en donnant d'abondants moyens d'arrosements, dans une étendue de pays considérable.

Le quatrième bassin, rempli par les eaux de la mer à la haute mer, alimenterait des écluses de chasse, qui préviendraient les atterrissements et approfondiraient constamment le chenal.

Un canal éclusé, partant du Caire et venant s'emboucher dans le second bassin, soutiendrait les eaux de navigation, à l'élévation nécessaire, et établirait une communication courte et facile, de cette ville à la mer Rouge.

Enfin le projet comprend un embranchement qui, partant du lac Amer, irait à la Méditerranée, en suivant le bord oriental du lac Menzaléh. Un courant d'eau claire, et des écluses de chasse, pourraient entretenir sa profondeur et empêcher son ensablement à son embouchure dans la Méditerranée, où ainsi aucune barre ne se formerait. Il en résulterait qu'une navigation directe serait ouverte, de la Méditerranée à la mer Rouge, pour les bâtiments de dix-huit pieds de tirant d'eau, et que le lac Amer se trouverait en être le point central, dans les différentes directions.

Suivant les calculs de M. l'ingénieur Lepère, la dépense du canal du Nil à la mer Rouge serait de dix-sept millions de francs. Elle ne s'élèverait qu'à trente, en y comprenant le canal du Caire, celui d'Alexandrie, et divers travaux jugés utiles sur le Nil; et cette somme pourrait même être réduite, quoiqu'en payant tout. Dix mille ouvriers et quatre ans de travail suffiraient. Quels immenses résultats on obtiendrait avec si peu de sacrifices !

Après ma course sur le canal je me rendis au puits d'Agéroud, où se trouve un ancien fort. Mes équipages m'y avaient devancé, et nous y campâmes, en même temps qu'une nombreuse caravane, qui arrivait du Caire et allait à Suez.

C'est là, selon la Bible, que les Israélites s'arrêtèrent avant d'effectuer le passage de la mer Rouge. De la terre de Gessen ils étaient venus dans le désert, sous le prétexte d'y offrir des sacrifices à Dieu, et, dans cette position, il semblait qu'ils n'eussent aucune issue : ils avaient des montagnes de rochers et le désert à leur droite ; devant, et à leur gauche, la mer se prolongeant au loin, jusqu'au fond du golfe d'Héroopolis ; derrière eux les Égyptiens. Ils franchirent la mer, soit à la faveur d'un miracle, soit à l'aide d'une cause naturelle, dont Moïse connaissait les lois. A Suez, on peut aujourd'hui la traverser à marée basse, et les atterrissements, qui depuis se sont élevés assez pour isoler la pointe du golfe et former un lac, ont dû autrefois offrir la même facilité, lorsque la mer les couvrait.

Le 30, à deux heures du matin, je me mis en route, et je me décidai à tenter de faire le voyage du Caire d'une seule traite. Nous ne nous arrêtâmes que pendant une demi-heure pour prendre un léger repas. Nos dromadaires étaient harassés du long voyage que nous achevions, et l'entreprise téméraire. MM. Burnn et Lapi, et deux Arabes, furent les seuls qui purent l'exécuter avec moi.

A cinq lieues du vieux Caire nous vîmes un espace étendu, qui est couvert à sa surface d'arbres agathisés. Ces pétrifications sont d'une dureté extrême et ne peuvent être travaillées qu'avec la plus grande difficulté. Quel prodigieux changement ont subi ces lieux, depuis l'époque où ces arbres formaient une forêt!

A la fin de notre marche, les dromadaires, dont les forces étaient épuisés, se couchaient en se jetant violemment à terre; le mien, trois fois de suite, me fit courir ainsi un véritable danger, ce qui me détermina à faire la route à pied pendant les deux dernières heures. Enfin nous atteignîmes le vieux Caire, où nous arrivâmes par une tempête épouvantable et une grêle horrible, à une heure du matin. Nos autres compagnons de voyage ne nous rejoignirent que le soir, et nos équipages seulement à la fin du troisième jour.

Pendant qu'on nous préparait un repas, je me promenai dans mon salon, en causant avec Soliman-Pacha; je n'éprouvais presqu'aucune fatigue, et le lendemain j'aurais recommencé un voyage semblable à celui que je venais de terminer.

Pendant notre route, j'avais examiné la disposition générale du désert que nous traversions. Il se compose d'une succession de contreforts et de collines, qui terminent la chaîne de montagnes que nous venions d'habiter pendant vingt-deux jours. C'est sur la partie inférieure de ces versants que le pacha a conçu la pensée de faire construire un chemin de fer, pour établir une prompte communication commerciale entre le Caire et Suez. Nul tracé n'a encore été arrêté; on n'a point fait de nivellement, ni entrepris aucun des travaux préparatoires, si considérables, que ce genre d'établissement exige; et cependant les rails, et tous les appareils en fer, sont commandés depuis longtemps en Angleterre, et doivent être maintenant arrivés en Égypte. Je doute qu'ils soient mis en place; mais ce dont je suis convaincu, c'est que jamais ils ne serviront à transporter des voyageurs ou des marchandises. Je crois qu'un chemin de fer est ici une chose tout-à-fait inopportune.

Il ne faut pas supposer que les travaux d'établissement soient faciles dans ces localités. Il est possible à Méhémet-Ali de surmonter les obstacles par la force de sa volonté; mais, indépendamment de toutes les circonstances qui en contrarieraient l'usage, on ne s'est peut-être pas bien rendu compte du but que l'on veut atteindre, et des difficultés de toute nature qui accompagnent cette entreprise.

C'est dans un désert de près de trente lieues de long, où il n'y a aucune source d'eau douce, que des terrassements doivent être exécutés, afin de régler les pentes : qu'il faut faire des travaux de maçonnerie pour la pose et l'assujettissement des dés; c'est au milieu de ce désert, dont plusieurs parties se composent d'un sable fin et mouvant, que le vent emporte et chasse devant lui, et que chacun de ses efforts amoncelle, que l'on veut placer une voie qui sera sans cesse recouverte par ce sable, et par conséquent impraticable aux wagons. C'est quand on met en question si l'on peut tirer un bon usage des machines à vapeur, en Égypte, dans des lieux clos et fermés, à cause de la poussière impalpable que l'air renferme souvent; lorsque les combustibles sont encore rares et chers; quand on a si peu d'ouvriers capables d'exécuter les réparations fréquentes que nécessitent des machines faciles à se déranger, et qu'on en manquera longtemps encore; dans un pays inhabité, où nulle surveillance régulière et constante ne peut être exercée; c'est lorsque tant d'intérêts privés sont en opposition avec un établissement semblable, qu'on imagine de se jeter tout au travers de pareilles constructions. Il est permis de douter qu'elles amènent à de bons résultats ; mais, en le supposant, quel en sera l'usage? Le canal, dont M. Lepère a donné le projet détaillé, atteindrait plus sûrement le but où l'on veut arriver, et réunirait encore une foule d'autres avantages.

Les chemins de fer ne sont possibles que là où existent une foule de bons ouvriers, et une population considérable. Ils ne sont utiles que lorsque la prospérité des affaires commerciales demande un mouvement rapide des capitaux, la réalisation prompte du prix des valeurs qu'on a créées ; ou bien encore dans un pays où il y a une grande quantité de voyageurs : c'est même leur transport qui donne aujourd'hui le plus de bénéfices sur la plupart des chemins de fer déjà établis. Là où ces conditions ne se présentent pas, les canaux doivent avoir la préférence, parce que le capital employé à leur création reste toujours le même, tandis que celui qui a servi à construire les chemins de fer se détériore sans cesse et finit par se détruire.

Or quels sont les transports qui se feraient sur le chemin de fer du Caire à Suez? Assûrement, ce ne sont pas des voyageurs : ce sont des marchandises, qui de l'Europe iront dans l'Inde, et de l'Inde viendront en Europe. On peut apprécier si, dans un pareil trajet, dont le terme le plus court doit embrasser trois mois, il y a quelque avantage à une accélération de trois jours, au prix d'un établissement aussi dispendieux ?

Si, au lieu d'un chemin de fer, on exécute le canal proposé par M. Lepère, on favoriserait le commerce de l'Inde d'une manière bien plus efficace, parce que les bâtiments de la Méditerranée passeraient dans la mer Rouge, en beaucoup moins de temps qu'il n'en faudrait pour transporter les marchandises, sur des bateaux, d'Alexandrie au Caire, et sur des wagons, du Caire à Suez ; et qu'on serait dispensé d'un double déchargement et d'un double chargement. Il n'y a que des frais de traction bien inférieurs, aucune machine chère, point de combustible consommé, ou du moins en moindre quantité, et les canaux porteraient la fertilité dans le désert, en permettant la culture de plusieurs centaines de mille de feddams de superficie. Enfin le canal donne, aux bâtiments de guerre de troisième ordre du pacha, le moyen d'entrer dans la mer Rouge, pour y assurer sa domination.

En faisant un chemin de fer, tous les obstacles s'opposent à son exécution comme à son entretien. Le canal est un travail dans les habitudes et le génie des Égyptiens. On peut y consacrer tel nombre d'ouvriers qu'on voudra, et l'on n'est pas nécessairement condamné à manquer d'eau douce, puisqu'on marche avec elle.

Les sables peuvent avoir de la tendance à remplir le canal; mais indépendamment du long intervalle de temps qu'il faut pour qu'un semblable effet soit produit, il est facile de le prévenir par des travaux réguliers, et même de s'en garantir d'une manière certaine, au moyen de plantations d'arbres verts, qui, tout à la fois, seraient une source précieuse de richesse et arrêteraient l'envahissement des sables, ainsi qu'on l'a pratiqué avec un succès complet entre la Somme et l'Escaut, dans les dunes d'Ambleteuse, et aussi dans les landes de Bordeaux : ou bien encore on peut cultiver des plantes vivaces, et particulièrement le loya, espèce de jonc qui se plaît dans le sable et lui sert de barrière.

Méhémet-Ali, animé de la passion des créations utiles, est séduit par ce qui se fait dans l'Europe, et il voudrait importer en Égypte tout ce qui s'y exécute de remarquable. Ces inspirations sont louables, et on ne peut qu'y applaudir. Mais les imitations ne doivent pas être serviles ; il faut peser les circonstances différentes et voir si les applications sont naturelles. Or, ici, un examen approfondi démontre qu'il n'y a aucune de celles que l'on reconnaît nécessaires en Europe pour qu'un chemin de fer soit utile, et avantageux pour ceux qui l'exécutent.

Une observation d'un autre ordre doit être ajoutée à celles qui précèdent.

La pensée fondamentale de cette entreprise, que ce soit un canal ou un chemin de fer, est de favoriser le commerce de l'Inde avec l'Europe : ce sont les produits de ces deux parties du monde dont il s'agit de faciliter l'échange.

L'Égypte ne joue, dans cette combinaison, qu'un rôle secondaire : c'est comme point de passage qu'elle intervient, et c'est du transit qu'il est question pour elle. Il donnera des bénéfices aux habitants, et de ce côté, il sera utile à l'Égypte; mais il n'accroîtra pas beaucoup les revenus du pacha, car il faut qu'il renonce à l'établissement de droits considérables sur les marchandises en transit, et peut-être Méhémet-Ali a-t-il peine à comprendre que d'autres que lui puissent faire des bénéfices sur le sol de l'Égypte. Cependant, s'il veut appeler le commerce, il doit s'habituer à cette pensée. Eût-il le plus beau chemin de fer du monde, personne ne viendra s'en servir si des droits élevés font disparaître tout le profit de cette direction et de cette communication nouvelles. Un gouvernement peut enlever aux habitants de son pays une portion de leur fortune, mais il ne peut prétendre que les étrangers lui apportent volontairement la leur. Les avantages qu'ils trouvent peuvent seuls les attirer. Ainsi la limite des droits à établir est fort restreinte ; s'ils sont considérables, il n'y a plus de commerce, et par conséquent plus d'impôt à percevoir.

Si Méhémet-Ali y réfléchit, il se convaincra de cette vérité ; et alors, pourquoi ne commence-t-il pas, dès aujourd'hui, en rendant libre le transit, à provoquer le commerce de l'Europe. Les marchandises qui font l'objet de celui de l'Inde ne sont pas d'un très-grand poids, l'espace à parcourir est si court, et les transports en Égypte sont à si bas prix, qu'elles peuvent supporter les frais du voyage, par terre, de Suez à Alexandrie. Il verra si cette route, anciennement suivie, peut être encore pratiquée, et en appelant un mouvement d'affaires et la présence d'une foule d'Européens en Égypte, il créera de nouveaux intérêts et de nouveaux moyens d'action, dans le sens de la richesse et de la civilisation. Mais il faut que les étrangers trouvent des bénéfices incontestables et qu'une sécurité complète accompagne leurs opérations. Si le commerce afflue, si les marchandises de l'Europe et de l'Inde prennent cette route, ce sera un grand encouragement pour que le pacha facilite leur transport par un canal ou par le chemin de fer, dont il a peut-être prématurément ordonné l'établissement.

Simultanément avec ces mesures, et par conséquent avant toute espèce de construction de chemin de fer ou du canal, plusieurs autres objets réclament les soins du pacha : d'abord l'établissement d'une bonne aiguade à Suez, ainsi que les Vénitiens l'avaient fait aux sources de Moïse; sans cela, rien à espérer. Le commerce de l'Inde passant par l'Égypte, il faut que la navigation de la mer Rouge corresponde à ses besoins, que les bâtiments de commerce puissent aisément s'approvisionner d'eau, et en ce moment c'est une chose d'une difficulté extrême, impossible même pour une navigation active. On pourrait tirer aussi un meilleur parti des ressources que donne la pluie, en rassemblant ses eaux et en les conservant. Autrefois, une population assez considérable vivait à Arsinoé. Depuis, la ville Galzum a existé dans le voisinage : on avait trouvé le moyen de procurer de l'eau à ces villes ; il est donc possible, avec de l'intelligence et de la volonté, de rétablir ce qui était alors, et donner au port de Suez des avantages dont il est privé aujourd'hui.

Il faudrait ensuite améliorer le port et le chenal, ce qui est aisé au moyen d'écluses de chasse, dont l'effet journalier préviendrait les ensablements, résultant de l'action des vents du sud qui règnent sur cette côte.

Enfin il faudrait étudier avec soin la côte dans tout le golfe de Suez, et même au-delà, pour reconnaître les points qui peuvent servir de mouillage, les indiquer, et tout disposer pour en faciliter l'usage aux bâtiments.

Des chantiers de réparation, des magasins d'approvisionnements maritimes de toute espèce, devraient aussi être formés à Suez. Alors il serait possible que, même avant l'exécution de plus grands travaux, le commerce de l'Inde prît un grand essor ; car il est si avantageux de faire le trajet en trois mois, au lieu d'en employer cinq ; d'avoir une navigation infiniment moins pénible, et qui met pendant longtemps à portée des pays civilisés, au lieu de longer des côtes barbares, que peut-être le commerce s'élancerait dans la nouvelle route qui lui serait ouverte.

SECOND SÉJOUR AU CAIRE.

RETOUR EN EUROPE.

Dès le lendemain de mon arrivée au Caire, je fis ma visite au pacha. J'étais pressé de le remercier des soins dont, par ses ordres, j'avais été partout entouré, et je repris l'habitude, que j'avais contractée à Alexandrie, d'aller causer avec lui tous les soirs.

Après mon dîner je montais à cheval et je me rendais à la citadelle. Nos conversations furent toujours fort longues et du plus vif intérêt. Comme il m'avait demandé de lui dire mon opinion sur ce que j'aurais vu pendant mon voyage, je lui parlai avec une entière franchise. Je développai chacune de mes remarques, je lui dis avec détail ce que je viens de consigner dans cet ouvrage, et je pus voir que, comme tous les hommes supérieurs, il supporte sans humeur la contradiction. Je ne négligeai rien pour l'éclairer sur ses intérêts, tels que je les conçois. Il m'a paru convaincu sur plusieurs points, sur d'autres il a persisté dans ses idées; mais j'ai tenu la parole que je lui avais donnée, et je pouvais être sincère sans craindre de le blesser, car j'ai souvent eu l'occasion de lui offrir des louanges méritées.

Le pacha s'était décidé à donner une organisation nouvelle à son armée. Il désira que les bases en fussent arrêtées pendant mon séjour, et chargea Soliman-Pacha de les rédiger et de me les soumettre. Le général s'occupa avec activité de ce travail, dont il me donnait connaissance chaque jour; il fut présenté à Méhémet-Ali, qui l'adopta et prescrivit qu'il fût mis à exécution.

Voici quel est l'état de l'armée égyptienne, par suite de cette organisation.

L'infanterie consiste en trente régiments à quatre bataillons; trois d'infanterie de ligne et un d'infanterie légère. Les bataillons de ligne sont composés de quatre compagnies de cent soixante fusiliers, huit sergents, seize caporaux, quatre tambours, formant quatre pelotons et commandés par cinq officiers. Les bataillons d'infanterie légère sont composés de trois compagnies de deux cent dix-huit fusiliers.

Le bataillon d'infanterie légère est destiné à éclairer le régiment, et chaque bataillon détaché se trouve l'être par une compagnie.

Cette formation a le double avantage de donner de l'infanterie légère instruite d'une manière spéciale; en même temps qu'au moyen de mutations avec les autres bataillons, elle est toujours composée de gens alertes, jeunes et vigoureux, comme il convient pour le genre de service particulier de cette arme.

La cavalerie sera formée de vingt régiments; chaque régiment de six escadrons, l'escadron de cent trente-six hommes, commandés par cinq officiers. Tous ces régiments doivent avoir cinq escadrons armés de lances, et le sixième de carabines. Huit régiments auront des cuirasses. Dans les cuirassiers, les six escadrons sont armés uniformément; le premier rang de lances, le second de sabres.

L'artillerie compte trois régiments, à douze batteries, savoir : trois à cheval, six batteries montées, et trois non montées, pour le service des places et les parcs.

Les troupes du génie se composent de quatre bataillons; chacun de huit compagnies, dont une de mineurs, une de pontonniers et six de sapeurs : elles sont chargées, non-seulement de la construction des places et des postes de campagne, mais encore de tous les travaux civils, routes, ponts, canaux, ainsi que de l'exploitation des forêts de la Syrie et des mines.

Enfin il y a pour le service des troupes légères dix mille Bédouins, formés en huit régiments de huit escadrons; chaque escadron est de cent cinquante hommes.

L'armée active, stationnée en Syrie, sera forte de quatre divisions d'infanterie et quatre de cavalerie; chaque division d'infanterie, de quatre régiments, ayant deux batteries montées. Les divisions de cavalerie auront chacune une batterie à cheval. La réserve d'artillerie sera formée de dix batteries, cinq à cheval et cinq montées, et le parc de cinq batteries non montées. Chaque division d'infanterie doit avoir en outre un régiment de Bédouins fort de douze cents hommes.

Ces troupes seront réparties de la manière suivante. Une division d'infanterie et une division de cavalerie, formant la droite de l'armée, sur la ligne de l'Euphrate; la division du centre à Antioche et Latakié; la gauche, composée d'une division d'infanterie et d'une de cavalerie, à Adana et Tarsous; la quatrième division d'infanterie et deux de cavalerie à Damas, Sour, Tripoli, Beyrout, Balbek, Jérusalem, Jaffa, et d'autres villes de la Syrie; la réserve d'artillerie, à Homs.

Les troupes, étant disposées de la sorte, peuvent se réunir dans tous les sens pour faire face sur divers points, se rassembler par divisions pour leur instruction, et occuper des camps pendant plusieurs mois, chaque année, dans les plaines d'Antioche, d'Alep et de Damas.

L'armée territoriale doit être composée de quatre divisions, dont la force variera suivant les circonstances et les besoins.

La cinquième division, dite d'Arabie, doit avoir de l'infanterie régulière, des corps d'Arabes, d'infanterie irrégulière, et des Bédouins; la sixième, dite d'Afrique, des troupes de la Nubie et du Sennaar; les deux autres, septième et huitième, formées des troupes restant et des dépôts de tous les régiments, seront stationnées en Égypte, et occuperont la Basse-Égypte et l'Égypte moyenne.

Par cette organisation, tous les points importants sont garnis de troupes, l'Égypte défendue, et l'armée active aura une force de soixante mille combattants. Les troupes sont bien placées pour vivre, elles maintiennent un vaste pays, et sont à portée de tous les lieux où il serait convenable d'exécuter des travaux, soit pour établir des fortifications permanentes, soit pour ouvrir des communications et faciliter les mouvements au travers de la Syrie.

Je passai encore quinze jours pour faire mes adieux à cette belle ville du Caire et à son magnifique pays. Le pacha m'engageait à prolonger mon séjour. L'arrivée prochaine de son fils, qu'il m'apprit, aurait été un puissant motif de différer mon départ, car je souhaitais beaucoup faire une connaissance plus ample avec Ibrahim-Pacha. Mais celui-ci ayant renvoyé une première fois le bâtiment à vapeur qui était allé le chercher, je crus que l'état de choses en Syrie exigeait sa présence, et l'époque que j'avais fixée pour mon retour en Europe étant arrivée, je fus obligé de quitter le Caire sans l'avoir revu.

Le pacha mit le comble à ses procédés bienveillants envers moi, en donnant l'ordre de préparer, pour me conduire, une frégate du premier rang de son escadre. On choisit *la Bahyréh*, de soixante-quatre canons, excellent bâtiment construit à Marseille.

J'ai cherché à donner quelque idée de ce qu'est l'Égypte aujourd'hui, et je souhaite y avoir réussi. J'ai raconté ce que j'ai vu, selon l'ordre de ma marche ; j'ai dit avec sincérité mes sensations, les réflexions qu'elles ont fait naître en moi, et les immenses choses qu'a faites Méhémet-Ali, sans omettre la critique lorsqu'elle m'a paru fondée. Je crois que l'établissement qu'il élève a des éléments de durée, et je fais des vœux pour son succès, parce qu'il amènera nécessairement, avec le temps, la civilisation de l'Égypte et d'une partie de l'Asie. Il est d'ailleurs dans mon caractère de prendre un vif intérêt à ce qui a de la grandeur et de l'avenir. Les vastes conceptions me plaisent, et je m'associe volontiers et d'instinct, par la pensée, aux belles créations, aux grandes entreprises. Sous ce rapport, rien d'aussi remarquable que ce qui se passe en Égypte n'est apparu depuis longtemps. Je crois que diverses choses sont à désirer dans l'intérêt de Méhémet-Ali pour qu'il puisse arriver aux meilleurs résultats possibles. On les connaît déjà d'après ce que j'ai rapporté : je les résumerai d'une manière succincte.

Il est à souhaiter que le pacha modifie le mode de son administration et s'occupe du bien-être et de la conservation de la population. Non qu'il renonce au monopole, qui lui est tout à la fois indispensable, une des causes du mouvement imprimé, et compatible avec une bonne existence des fellahs ; mais qu'il admette plus réellement les cultivateurs au partage des avantages qu'il en tire, et des produits qu'ils créent par leurs travaux ; qu'enfin le fellah puisse jouir d'une manière efficace du fruit de ses labeurs. Il est surtout désirable que le pacha abandonne ce système de solidarité injuste qui confond tous les intérêts, décourage l'homme laborieux et intelligent, et doit devenir une cause de ruine pour le pays ; qu'il supprime cette foule de petits impôts vexatoires, frappent l'opinion d'une manière fâcheuse sans remplir ses coffres ; et qu'il affranchisse les fellahs de l'obligation de prendre dans ses magasins les objets de consommation qui leur sont nécessaires.

Méhémet-Ali trouvera un large dédommagement à ses sacrifices pécuniaires dans une popularité méritée, dans l'augmentation du travail procédant d'un ordre de choses plus favorable aux cultivateurs, et qui donnera bientôt au gouvernement, en objets récoltés, des valeurs nouvelles, qui l'enrichiront en même temps que les producteurs : ce sera un double avantage.

Le pacha doit s'occuper constamment, et d'une manière toute particulière, de son armée. Il est assuré, en s'y prenant bien, d'arriver aux résultats les plus satisfaisants; mais ils ne seront complets que lorsque le recrutement sera exécuté d'une manière plus juste et plus régulière, et quand le sort des vieux serviteurs de l'état sera assuré, ainsi que celui des enfants des soldats, qui lui offrent une ressource si précieuse.

J'ai montré combien l'avenir de Méhémet-Ali dépend de la conduite des peuples de la Syrie. D'un autre côté, il n'est pas douteux que la conduite de ceux-ci ne doive être la conséquence de la manière dont ils seront gouvernés. Rien ne semble donc lui devoir être plus utile que de les traiter avec ménagement.

Enfin, une dernière chose importante, dans la situation où est placé Méhémet-Ali, c'est d'avoir un trésor considérable en argent comptant. Car le crédit, chose si incertaine et si variable dans les pays les mieux constitués, n'est pas un moyen de puissance applicable à sa position et à celle de l'Égypte, et il lui échapperait nécessairement dans une crise politique.

Si les choses que je viens d'indiquer sont l'objet particulier des méditations du pacha et de ses soins, je ne vois rien qui puisse ébranler ses créations : il transmettra paisiblement à son fils, et aux applaudissements de l'Europe, la couronne que son habileté et son énergie ont conquise, et son nom sera inscrit parmi ceux des hommes marquants de l'histoire.

Après avoir renouvelé à Méhémet-Ali mes remercîments les plus sincères pour la gracieuse réception qu'il m'avait faite, je pris congé de lui le 17 janvier 1834. Il m'engagea fortement à revenir visiter l'Égypte pour constater le succès de ses diverses entreprises, particulièrement du barrage du Nil, et pour revoir son armée, quand elle aurait subi les changements projetés. Assurément si le barrage du Nil était terminé, c'est une œuvre qui, seule, mériterait le voyage, et très-probablement un grand nombre d'Européens viendraient l'admirer. Il serait curieux de voir les Égyptiens modernes se montrer, comme leurs ancêtres, le premier des peuples par la grandeur des travaux publics qu'ils auraient exécutés.

Je ne pus résister au désir de ramener de ce pays, comme souvenir, deux enfants abyssiniens, un garçon et une fille, nommés Saïd et Aicha, que j'achetai au marché du Caire : ils devaient être libres en Europe; c'était un tribut payé à la religion et à la civilisation.
Cette race abyssinienne rappelle, par ses traits, les Européens les plus heureusement conformés : la couleur seule la distingue. Son intelligence est vive et facile, et sa fierté naturelle lui donne un caractère particulier. Je n'ai remarqué, chez mes jeunes esclaves, que de bons sentiments et des penchants louables. Ils craignent le blâme et sont sensibles aux éloges au-delà de ce que l'on pourrait croire : un ordre donné, un devoir imposé, se gravent dans leur esprit, et rarement ils l'oublient. Un grand res-

pect pour la propriété est inné chez eux, et jamais ils n'ont eu la pensée de s'approprier la moindre chose, même celles qui pouvaient flatter leur appétit. La pudeur est également poussée fort loin chez eux. La petite fille, âgée de douze à treize ans, n'avait qu'une ceinture au marché du Caire, et dès le lendemain du jour où elle fut achetée et vêtue, pour rien au monde elle ne se serait deshabillée devant un homme. Ils sont obéissants, sensibles aux bons traitements, et dévoués sans bornes à ceux que la providence leur a donnés pour maîtres, et qui à leurs yeux représentent la famille et la patrie qu'ils ont perdues, et les biens que l'avenir leur réserve.

Le 18 janvier, je me mis en route pour descendre le Nil. Nous eûmes beaucoup de pluie dans le voyage, ce qui me donna bien la preuve du changement du climat de l'Égypte.

Le 20, nous arrivâmes à l'Atféh, point de jonction du canal de Mahmoudiéh avec le Nil. Nous changeâmes de bâtiment, et nous suivîmes notre chemin sur Alexandrie. Le 21 au matin, nous arrivâmes dans cette ville, où la peste régnait depuis trois semaines. Le soir, je m'embarquai sur *la Bahyréh*, et le 22 au matin, nous sortîmes du port et mîmes à la voile, par un temps favorable, pour Malte.

Le capitaine de la frégate était un Circassien nommé Kousrow, autrefois Mamelouk de Seid-Cherif-Pacha, élevé par lui d'abord pour le service de terre, et placé sur sa demande dans la marine. Tous les officiers étaient Égyptiens ou Turcs; pas un seul Européen ne se trouvait parmi eux. L'équipage entier était égyptien. Le capitaine fut rempli d'attentions pour moi : ses instructions étaient de m'obéir comme à Méhémet-Ali lui-même, de me conduire là où je le lui prescrirais, et de rester à ma disposition autant que je le voudrais. Il remplit les ordres du pacha, et les aurait dépassés s'il eût été possible. Des approvisionnements de choix, et de toute espèce, avaient été faits pour moi sur la frégate; rien n'avait été oublié dans les dispositions attentives du pacha.

Le 23 et le 24, nous marchâmes sans avoir de mer et le vent en poupe; mais le 25, une forte tempête s'éleva et dura les 26 et 27. Elle fit périr, à ce que les journaux annoncèrent plus tard, vingt-sept bâtiments de commerce sur la côte d'Afrique. Le capitaine Kousrow resta pendant tout ce temps sur le pont. Les manœuvres furent faites avec habileté et aussi bien qu'elles auraient pu l'être dans toute autre marine, de quelque nation que ce soit.

Le 28, la tempête s'appaisa. Nous étions en vue de Malte; mais des calmes et des vents contraires nous retinrent au large pendant trois jours. Enfin, le 31, nous entrâmes dans le port et nous mouillâmes avec promptitude et élégance, en présence de toute l'escadre anglaise, commandée par l'amiral Rowley.

L'île de Malte ne se compose que d'une masse de rochers d'une étendue médiocre; cependant ses admirables ports naturels, et sa position intermédiaire entre l'Europe, l'Afrique et l'Asie, lui ont donné beaucoup d'importance dans tous les temps. Elle fut d'abord occupée par les Phéniciens, dont elle servait à protéger la navigation. Les Carthaginois la possédèrent ensuite, et ils en firent, non-seulement une station maritime, mais encore, pour ainsi dire, le chef-lieu de leur industrie. C'est dans cette île, alors appelée Mélita, qu'étaient le plus grand nombre de leurs fabriques, et de là, selon Diodore, qu'étaient expédiés les tissus les plus fins. Mélita était couverte de beaux édifices, de grands établissements, et ses habitants devaient à leur commerce un haut dégré d'aisance, et même de fortune. Au déclin de la puissance de Carthage, l'an 212 avant Jésus-Christ, son sort changea : elle fut conquise par les Romains, sous les ordres du consul Simpronius. De ceux-ci elle passa sous la domination des Sarrasins, et appartint au royaume de Tunis. Le comte Roger le Normand la leur enleva en 1089 et la réunit à la Sicile.

Après la prise de Rhodes, les chevaliers de

Saint-Jean, sous la conduite de Villiers de l'Isle-Adam, s'étaient retirés en Italie. Ils négocièrent longtemps avec l'empereur Charles-Quint pour qu'il fît à leur ordre la cession des îles de Malte et de Gozze : ils l'obtinrent enfin; et le traité fut signé le 12 mars 1530.

Plus heureux que l'Isle-Adam, le grand-maître Parisot de La Valette eut l'honneur de conserver à la chrétienté son nouveau boulevard. Soliman, le conquérant de Rhodes, fit attaquer Malte en 1565 par ses lieutenants Mustapha, Dragut et Piali : un siége de quatre mois ne leur donna que le fort Saint-Elme, et les secours, que don Garcie de Tolède amenait aux chevaliers de Saint-Jean, forcèrent les Turcs à se rembarquer, après avoir éprouvé une perte d'hommes considérable.

Aussitôt après, le grand-maître La Vallette entreprit, non-seulement de réparer les désastres causés par le siége, et de relever les fortifications détruites, mais de mettre Malte à l'abri de toute autre attaque. Puissamment aidé par l'argent que lui fournirent le pape et les rois de France, d'Espagne et de Portugal, il fonda une nouvelle ville, sur les ruines mêmes du fort Saint-Elme ; la première pierre en fut posée le 18 mars 1566. Les travaux exécutés par La Valette avaient fait de Malte une place imprenable, et la reconnaissance de son ordre décora du nom de « Cité Vallette » la ville qui lui devait sa construction.

Vingt-cinq jours de quarantaine me furent imposés. Il me parut plus commode de subir cette ennuyeuse nécessité à bord que d'aller au lazaret. Je trouvai toute sorte d'empressement, d'obligeance et d'égards dans les autorités de Malte.

Admis à la pratique, le 22 février j'allai rendre visite au général Possonby, gouverneur général, et à l'amiral Briggs. Immédiatement après, j'allai, à peu de distance de la ville, à Saint-Joseph, revoir le champ de bataille où, en 1798, j'avais repoussé une sortie des Maltais et enlevé de ma main le drapeau de l'ordre, circonstance qui me valut le grade de général de brigade. Je reconnus les lieux où s'était passée l'action, comme si je les avais quittés la veille, et j'indiquai les constructions qui avaient été faites depuis.

Je visitai ensuite les fortifications, qui me furent montrées par l'ingénieur de la place. Un homme de métier, en voyant cette place, doit être toujours étonné de deux choses : de la défense héroïque et de la résistance suivie du succès par le grand-maître La Vallette, lorsque Malte n'était rien, et que les Turcs occupaient les hauteurs immédiates du Borgo ; et de la reddition de Malte, à nos armes, quand cette ville était devenue la plus forte de l'Europe après Gibraltar, et qu'elle se défendait par elle-même, en raison des obstacles matériels qu'elle présente. Aussi me rappelai-je le mot spirituel et vrai du général Caffarelli-Dufalga, commandant le génie de l'armée d'Orient, qui, après avoir fait le tour de la place, résuma en deux mots l'histoire de cette conquête : « Nous sommes bien heureux, dit-il, » d'avoir trouvé quelqu'un à Malte pour » nous ouvrir les portes : je ne sais pas, sans

» cela, comment nous y serions entrés » (1).

Je dînai chez le gouverneur et j'y fis connaissance avec lady Emilie, fille de lord Bathurst. Elle me combla de bontés, et je vis le soir la société de Malte, qui est nombreuse et brillante.

Le 23, le général Possonby me présenta la garnison. Trois régiments furent réunis à la Floriane. J'en passai la revue; ils manœuvrèrent et défilèrent devant moi. Ces régiments étaient le 7e (grenadiers), le 53e, commandé par le lieutenant-colonel Considaine, et le 60e (chasseurs), commandé par le colonel Bamburi. Ces troupes sont très-belles et me parurent avoir une grande instruction.

Il m'est difficile d'exprimer l'accueil qui me fut fait par MM. les officiers de la garnison et les soins dont ils m'ont comblé pendant mon court séjour à Malte. Je vécus constamment au milieu d'eux et chaque régiment voulut, à

---

(1) Voir à la fin du volume quelques pièces relatives à la conquête de Malte par l'armée française.

son tour, me donner à dîner. Rien n'est plus doux pour un vieux soldat, qui a fait la guerre pendant toute sa jeunesse, que de recevoir un semblable accueil de ceux qu'il a combattus.

L'existence des officiers, dans les régiments anglais, n'est pas la même que dans les autres armées de l'Europe. Il y a un bien-être, une abondance de moyens, qui tient sans doute à ce qu'en général ils ont de la fortune; mais cela provient aussi d'une meilleure entente de la vie, et de bons arrangements.

Le 24, ce fut avec les officiers du 53ᵉ régiment que je passai la soirée. Je me trouvais encore en pays de connaissance : plusieurs officiers, et en particulier le colonel Considaine, avaient fait la guerre en Espagne lorsque j'y commandais une armée française, et celui-ci avait été blessé. Je trouvai dans ces troupes le 5ᵉ régiment, qui s'était tiré à force d'énergie et de courage d'une circonstance très-critique sur les hauteurs d'El-Bodon, près de Ciudad-Rodrigo, et dans sa marche sur Fuente-Guinaldo. Ces récits, entre gens de guerre qui s'estiment, ont un grand charme dans la paix : ils réveillent presque ces vives et profondes sensations de la guerre, qui, lorsqu'on les a éprouvées, blasent sur toutes les autres.

Les officiers du régiment de chasseurs du colonel Bamburi me donnèrent également à dîner et me procurèrent une soirée pleine d'agréments. Je regrettai que mon prompt départ m'empêchât de passer encore deux soirées semblables avec les officiers des 5ᵉ et 7ᵉ régiments.

Je désirais beaucoup connaître en détail tout ce qui tient aux troupes anglaises sous le rapport des manœuvres et sous celui du régime intérieur. J'allai voir les soldats dans leurs casernes et j'admirai la bonne manière dont ils y sont établis, et tous les soins qui sont pris pour améliorer leur sort autant que possible.

Je visitai l'établissement des sous-officiers, dont la position n'a d'analogue nulle part : ils sont placés dans des conditions spéciales qui méritent d'être remarquées. Ces sous-officiers sont excellents, et cependant ils n'ont aucune perspective d'avancement, excepté en cas de guerre, lorsqu'on manque d'officiers. Sans cela, ils ne peuvent jamais prétendre à le devenir, parce que ces emplois exigeant une finance, ils n'ont pas l'argent nécessaire pour la donner. Leur fonctions ne forment donc point une carrière : c'est simplement un métier. Mais ils trouvent un stimulant puissant dans la considération qu'on leur accorde. Elle est toujours très-grande, en raison de leur grade, et elle augmente à mesure qu'ils s'en montrent plus dignes par leur conduite. Pendant que j'étais à Malte, un sous-officier, très-bon sergent et très-estimé, étant mort d'accident, tous les officiers de la garnison assistèrent à son enterrement.

Voilà pour l'ordre moral. Quant à leur existence matérielle, elle dépasse tous les besoins réels. Il suit de là que les sous-officiers sont contents de leur sort, qui les place dans une condition moyenne très-heureuse; que les égards que les officiers leur témoignent les élèvent à leurs yeux, et qu'ils ne sont pas soumis aux tourments d'une ambition qui, lorsque les circonstances ne viennent pas la légitimer et fournir les moyens de la satisfaire, est un véritable malheur personnel et public.

Je demandai au colonel Considaine, avec la permission du général Possonby, de faire exécuter devant moi, par son régiment, tous les mouvements que l'ordonnance anglaise a consacrés. Il s'empressa de me satisfaire; et le 25, le bataillon de son régiment (en temps de paix chaque régiment anglais n'a qu'un seul bataillon), manœuvra pendant trois heures en ma présence. Quatre cent quatre-vingts hommes étaient sous les armes. Je n'ai jamais rien vu de plus leste et de mieux instruit. Ils exercèrent comme infanterie de ligne et comme infanterie légère. J'ai remarqué dans ces manœuvres des choses qui m'ont paru moins bonnes que ce qui se pratique dans l'armée française, d'autres qui m'ont semblé meilleures, et dont il y aurait d'utiles applications à faire chez nous. Mais ce qui est au-dessus de tout éloge, c'est l'instruction individuelle. On conçoit qu'un régiment composé de sept à huit cents hommes aussi instruits puisse recevoir un nombre considérable de recrues, et, avec la discipline sévère à laquelle les soldats anglais sont soumis, se trouver, en peu de mois, en état de se présenter devant l'ennemi et de combattre.

Je visitai l'arsenal de marine, qui n'est qu'un arsenal de réparation; je vis les exercices de l'artillerie au fort Ricazoli. De là j'allai à l'hôpital de la marine, nouvellement bâti : il est d'une superbe architecture ; ses arrangements intérieurs sont parfaits, et rien n'a été omis de ce qui pouvait rendre le sort des malades aussi bon que possible.

J'allai voir le jardin du gouverneur, autrefois celui du grand-maître, à Saint-Antoine. L'habitation est belle et agréable, le jardin vaste et magnifique. Une immense quantité d'orangers en fait la richesse. Pour que les orangers donnent de grands produits, il faut les arroser abondamment une fois par mois : alors les oranges deviennent grosses et excellentes, et un oranger en donne jusqu'à trois cents. A défaut de ce soin, les oranges sont petites et mauvaises.

Je dînai ensuite à la campagne, chez M. Freire, dont je fis la connaissance avec un grand plaisir. Il a été ambassadeur d'Angleterre en Espagne, auprès des cortès, depuis 1808 jusqu'en 1812. C'est un homme d'un grand savoir, de beaucoup d'esprit, et fort aimable.

Le mauvais temps me forçant à prolonger mon séjour à Malte, j'en profitai pour voir deux établissements de philanthropie et de bienfaisance, qui sont admirablement bien dirigés : l'hospice des vieillards, et la maison de l'industrie, où des jeunes filles sont reçues, élevées, et instruites dans divers métiers.

L'hospice des vieillards est un modèle de propreté et de bon ordre. Ils y sont logés sainement et convenablement, bien nourris, bien habillés; et ils paraissent aussi heureux que leur âge, et les tristes infirmités qui l'accompagnent, le comporte. Leur nombre est de huit cents, des deux sexes, et l'administration en est tellement bien entendue, l'économie si intelligente, que chaque individu ne coûte que dix francs par mois.

La prison des condamnés est contiguë au bâtiment de cet hospice; il n'y en avait que dix-sept, dont un seul à vie. C'est peu pour la population de l'île, qui monte à cent vingt mille âmes. En revanche, il y a beaucoup d'aliénés : leur nombre s'élevait à quarante-trois.

La maison de l'industrie a pour destination d'enseigner des métiers aux orphelines, ou aux filles qui appartiennent à des parents pauvres, afin de conserver leurs moeurs. Il y a deux cents enfants, depuis l'âge de dix ans jusqu'à celui de dix-huit à vingt. Toutes apprennent successivement divers états. D'abord elles cardent du coton, puis le filent, ensuite elles font, au métier, des étoffes avec des dessins. Le coton de Malte étant naturellement de couleur nankin, les étoffes sont jolies. Elles brodent, font de la dentelle et de la blonde; elles dévident les cocons des vers à soie et tordent son fil ; elles font des souliers, etc. Le produit de la vente de tous ces objets appartient à la maison : on accorde à celles qui se distinguent quelques gratifications, que l'on conserve pour leur être remises au moment où elles sortent de l'établissement.

L'hygiène est parfaite, et l'attention à cet égard est poussée si loin, qu'on les fait baigner tous les huit jours, dans toutes les saisons. Leurs parents ont la permission de les voir une fois par semaine, en présence de la supérieure ; mais jamais elles ne peuvent aller chez eux.

L'enseignement moral et religieux est donné à ces jeunes filles avec le plus grand soin, et en général ce sont d'excellents sujets. Elles ne quittent la maison que pour se marier, ou pour être placées d'une manière convenable et qui garantisse leurs mœurs. Leur entretien ne revient qu'à cent vingt-cinq francs par an.

Malte me parut offrir des symptômes de richesse et de prospérité. Place d'entrepôt et de relâche, elle obtient d'assez grands avantages des relations qui se multiplient entre l'Orient et l'Occident, et qui iront toujours en s'accroissant. La population de l'île est augmentée de près de moitié. Autrefois elle comptait quatre-vingt et quelques mille âmes, aujourd'hui elle dépasse le chiffre de cent vingt mille. Les impôts sont légers; l'aisance est répandue partout et le bien-être général. La ville, naturellement magnifique, m'a semblé embellie depuis que je l'avais vue, en 1798. Elle renferme un grand nombre d'édifices publics, et la beauté de leur architecture est relevée encore par celle des matériaux employés à leur construction; les pierres, malgré la succession des années, conservent toujours la blancheur la plus éclatante. Tels sont le palais du grand-maître, occupé maintenant par le gouverneur; les églises, les forts, etc. La présence constante d'une escadre considérable, et d'une garnison chèrement payée, dont les officiers sont riches, doit contribuer à la prospérité intérieure.

Beaucoup d'Anglais, attirés par la douceur

du climat, ont fixé leur séjour à Malte : de ce nombre est M. Freire, que j'ai cité. Les mœurs de la population de la ville, autrefois généralement mauvaises, se sont fort épurées. Du temps de l'ordre de Malte, les maîtres du pays, étant tous célibataires, avaient amené cette corruption; les traces s'en effacent, et le gouvernement anglais, qui a pris à tâche de réparer le mal, y est parvenu en grande partie. C'est dans ce but que la maison de l'industrie a été fondée, et il n'y a aucune précaution qui ne soit prise par l'administration pour mettre les élèves de cet établissement à l'abri de toute influence funeste, même de la part de leurs parents.

La société se compose, pour la plus grande partie, de femmes anglaises; elle est nombreuse, élégante et distinguée. Il y a à Malte un bon spectacle italien; on retrouve dans cette ville la physionomie et les habitudes de l'Europe, et les charmes de la civilisation. J'en sentis le prix d'autant plus vivement que j'en avais été privé pendant quelque temps.

La mer étant très-grosse et le vent contraire, j'étais resté à Malte plus que je n'en avais eu l'intention. Mais, le 26, le temps devint plus favorable, et je me décidai à partir, après avoir dîné chez l'amiral Briggs et passé quelques heures avec son agréable famille.

D'après les conseils de l'amiral, j'avais renoncé à me rendre à Civita-Vecchia sur la frégate de Méhémet-Ali, à cause de la saison et du peu de profondeur de la mer près de cette côte. Je rendis donc sa liberté au capitaine Kousrow, qui mit aussitôt à la voile pour Alexandrie, tandis que je partais pour Civita-Vecchia, sur le yacht du gouverneur *l'Émilie*. Nous eûmes un fort gros temps, mais nous fîmes bonne route, et le 2 mars nous entrâmes à Civita-Vecchia, où une capricieuse quarantaine de dix jours m'attendait encore.

Me voilà arrivé au terme d'un long voyage, accompli avec une extrême rapidité : un intérêt vif et varié en a embelli toutes les heures; dix mois et vingt jours, écoulés depuis mon départ de Vienne, ont été bien remplis, et ils laisseront de précieuses traces dans ma mémoire. La bienveillance m'a partout accueilli ; elle m'a souvent comblé de ses attentives et gracieuses prévenances : l'estime dont on m'a prodigué les témoignages, les soins dont j'ai été l'objet, m'ont pénétré d'une reconnaissance profonde ; ils ont gravé dans mon cœur et dans mon esprit des souvenirs ineffaçables, qui apportent de douces consolations aux regrets inspirés par l'absence de la patrie.

NOTES SUR L'ÉGYPTE,

ÉCRITES PAR

L'EMPEREUR NAPOLÉON.

NOTES SUR L'ÉGYPTE,

ÉCRITES PAR

L'EMPEREUR NAPOLÉON.

Pendant l'expédition d'Égypte le général en chef avait réuni diverses notes sur le pays. Tout ce qui est sorti de cette illustre plume doit avoir un puissant intérêt, et j'ai pensé que l'on me saurait gré de faire suivre, par ce document, le récit de mon voyage. On y trouvera des idées qui semblent avoir guidé Méhémet-Ali dans son gouvernement et son administration, et entre autres celle du gigantesque travail qu'il fait exécuter pour le barrage du Nil.

I. L'Égypte n'est proprement que la vallée du Nil, depuis Assouan jusqu'à la mer.

II. Il n'y a d'habitable et de cultivé que le

pays où l'inondation arrive et où elle dépose un limon que le Nil charrie des montagnes de l'Abyssinie. L'analyse de ce limon a donné du carbone.

III. Le désert ne produit que quelques broussailles qui aident à la subsistance des chameaux. Aucun homme ne peut vivre du désert.

IV. Rien ne ressemble à la mer comme le désert, et à une côte comme la limite de la vallée du Nil. Les habitants des villes qui y sont situées sont exposés à des incursions fréquentes des Arabes.

V. Les mamelouks possédaient en fief les villages. Etant bien armés, bien montés, ils repoussaient les Arabes dont ils étaient la terreur. Cependant ils étaient trop peu nombreux pour garder cette immense lisière.

VI. C'est pourquoi chaque frontière, chaque chemin est garanti par des tribus d'Arabes de la province, qui, armés et à cheval, sont obligés de repousser les agressions des Arabes étrangers ; en conséquence de quoi ils ont des villages, des terres et des droits.

VII. Ainsi lorsque le gouvernement est ferme, les Arabes domiciliés le craignent, restent en paix, et alors l'Égypte est presque à l'abri de toute incursion étrangère.

VIII. Mais lorsque le gouvernement est faible, les Arabes se révoltent ; alors ils quittent leurs terres pour errer dans le désert et se réunir aux Arabes étrangers, pour piller le pays où ils font des incursions dans les provinces voisines.

IX. Les Arabes étrangers ne vivent pas dans le désert, puisque le désert ne nourrit personne ; ils habitent en Afrique, en Asie ou en Arabie. Ils apprennent qu'il y a anarchie ; ils quittent leur pays, traversent douze ou quinze jours de désert, s'établissent aux points qui se trouvent sur les frontières du désert, et partent de là pour désoler l'intérieur de l'Égypte.

X. Le désert est sablonneux. Les puits y sont rares, peu abondants et la plupart salés, saumâtres ou sulfureux. Cependant il y a peu de routes où l'on ne trouve toutes les trente heures un puits.

XI. On se sert de chameaux, d'outres pour porter l'eau dont on a besoin. Un chameau peut porter de l'eau pour cent Français pendant un jour.

XII. Nous avons dit que l'Égypte n'était que la vallée du Nil; que le sol de cette vallée était primitivement le même que celui qui l'environne; mais que l'inondation du Nil et le limon qu'il donne avaient rendu la vallée qu'il parcourt une des portions de la terre la plus fertile et la plus habitable.

XIII. Le Nil croît en messidor, et l'inondation commence en fructidor. Alors toute la terre est inondée : les communications sont difficiles. Les villages sont situés à une hauteur de seize à dix-huit pieds. Un petit chemin sert quelquefois de communication ; plus souvent il n'y a qu'un sentier.

XIV. Le Nil est plus ou moins grand, selon qu'il a plus ou moins plu en Abyssinie ; mais l'inondation dépend encore des canaux d'arrosement.

XV. Le Nil n'a aujourd'hui que deux branches : celle de Rosette et celle de Damiette. Si l'on fermait ces deux branches de manière qu'il coulât le moins d'eau possible dans la mer, l'inondation serait plus grande et plus étendue, et le pays habitable plus considérable.

XVI. Si les canaux étaient bien nettoyés, bien étudiés, plus nombreux, on pourrait parvenir à conserver l'eau la plus grande partie de l'année dans les terres, et par là augmenter d'autant la vallée et le pays cultivable. C'est ainsi que les oasis de la Scharkyéh et une partie du désert depuis Péluse étaient arrosés. Tout le Bahyréh, le Maryout et les provinces d'Alexandrie étaient cultivés et habités.

XVII. Avec un système bien entendu, ce qui peut être le fruit d'un bon gouvernement, l'Égypte peut acquérir d'accroissement huit à neuf cents lieues carrées.

XVIII. Il est probable que le Nil a passé par le Fleuve-sans-Eau, qui, du Fayoum, passe au milieu des lacs Natron et se jette dans la mer au-delà de la tour des Arabes. Il paraît que Mœris a bouché cette branche du Nil, et a donné lieu à ce célèbre lac dont Hérodote même ne connaît pas le travail.

XIX. Le gouvernement a plus d'influence sur la prospérité publique que partout ailleurs; car l'anarchie et la tyrannie n'influent pas sur la marche des saisons et sur la pluie. La terre peut être également fertile en Égypte. Une digue qui n'est pas coupée, un canal qui n'est pas nettoyé rendent déserte toute une province ; car les semailles et toutes les productions de la terre se règlent en Égypte sur l'époque et la quantité de l'inondation.

XX. Le gouvernement de l'Égypte étant tombé dans des mains plus insouciantes depuis une cinquantaine d'années, le pays dépérissait, toutes les années, dans beaucoup d'endroits. Le désert a gagné sur la vallée, et il est venu former des monticules de sable sur le bord même du Nil ; encore vingt ans du même gouvernement que celui d'Ibrahim et de Mourad-Bey, et l'Égypte perdait le tiers de ses terres cultivables. Il serait peut-être facile de prouver que cinquante ans d'un gouvernement pareil à celui de la France, de l'Angleterre, de l'Allemagne et de l'Italie, pourrait tripler l'étendue cultivable et la population. Les hommes ne manquent jamais au sol, car ils abondent de tous les côtés de l'Afrique et de l'Arabie.

XXI. Le Nil, depuis Assouan jusqu'à trois lieues au nord du Caire, coule dans une seule branche. De ce point, que l'on appelle *l'entre de la Vache*, il forme les branches de Rosette et de Damiette.

XXII. Les eaux de la branche de Damiette ont une tendance marquée à couler dans celle de Rosette. Ce doit être un principe de notre administration en Égypte de favoriser cette tendance qui favorise Alexandrie et toutes les communications directes avec l'Europe.

XXIII. Si l'on coupait la digue Farâ-ou-Nyèh, la province du Bahyrèh gagnerait deux cents villages, et cela, avec le canal qui part du Fayoum, approcherait l'inondation et la culture des murs d'Alexandrie. Cette opération ferait le plus grand tort aux provinces de la Scharkyèh, Damiette et Mansourah; ce qui doit faire retarder jusqu'au moment favorable pour l'exécution. Mais elle doit être faite un jour.

XXIV. Le canal, qui de Ramanyeh porte les eaux du Nil à Alexandrie, doit être creusé et rendu tel qu'on y puisse naviguer toute l'année. Alors les bâtiments de cent tonneaux pourront aller, pendant six mois de l'année, d'Alexandrie au Caire et à Assouan sans passer aucun boghaz.

XXV. Un travail que l'on entreprendra un jour sera d'établir des digues qui barrent la branche de Damiette et de Rosette, au *Ventre de la Vache;* ce qui, moyennant des batardeaux, permettra de laisser passer successivement toutes les eaux du Nil dans l'est et l'ouest, dès lors de doubler l'inondation.

XXVI. Dans l'inondation du Nil, les eaux arrivent jusqu'à seize lieues de Suëz; les vestiges du canal sont parfaitement conservés, et il n'y a aucune espèce de doute qu'un jour les bateaux ne puissent transporter les marchandises de Suëz à Alexandrie.

XXVII. Nous avons dit que l'Égypte était à proprement parler la vallée du Nil. Cependant, une grande partie des déserts qui l'environnent, fait aussi partie de l'Égypte, et dans ces déserts il est des oasis, comme dans la mer il est des îles.

Du côté de l'ouest, les déserts qui font partie de l'Égypte s'étendent jusqu'à dix ou douze jours de marche de l'eau du Nil. Les points principaux sont les trois oasis Syrahs et les lacs Natron. Le premier oasis est éloigné de trois journées de Syout. On ne trouve point d'eau en route ; il y a, dans cet oasis, des palmiers, plusieurs puits d'eau saumâtre, quelques terres cultivables, et presque constamment des fièvres malignes.

XXVIII. Pour se rendre du Caire à Tedigat, qui est le premier pays cultivé, il y a trente journées de marche dans le désert. On est jusqu'à cinq jours sans trouver d'eau.

XXIX. Les lacs Natron sont situés à douze heures de marche dans le désert de Terranêh. On y trouve d'excellentes eaux, plusieurs lacs Natron et quatre couvents de cophtes. Les couvents sont des forteresses; nous y avons placé garnison grecque et plusieurs pièces de canon.

XXX. Du côté de l'est, les déserts qui appartiennent à l'Égypte s'étendent jusqu'à une journée d'El-Arych et au-delà de Tor et du Mont Sinaï. Quattyeh est une espèce d'oasis; il y a cinq ou six cents palmiers, de l'eau pour six mille hommes et mille chevaux; il est éloigné de cinq lieues de Salahyèh. On trouve deux fois un peu d'eau en chemin. Nous avons établi un fort de palmiers dans cet oasis important.

XXXI. De Quattyeh à El-Arych il y a vingt lieues. El-Arych est un oasis. Il y avait un très-beau village, que nous avons démoli, et cinq ou six mille palmiers que nous avons coupés. La quantité d'eau, la quantité de matériaux, l'importance de sa position, nous y ont fait établir une place forte, déjà dans un état de défense respectable. D'El-Arych à Gazah il y a seize lieues; on y trouve plusieurs fois de l'eau. On passe au village de Kan-you-Ness.

XXXII. Tor et le mont Sinaï sont éloignés de dix jours de marche du Caire. Les Arabes de Tor cultivent des fruits et font du charbon. Ils emportent du Caire des blés. Il y a, dans tout cet oasis, de la très-bonne eau et abondante.

XXXIII. La population de tous les fellahs ou Arabes qui habitent les oasis, tant du désert de l'est que du désert de l'ouest, et non compris les quatorze provinces, ne se monte pas à trente mille âmes.

XXXIV. La vallée du Nil se divise en Haute-Égypte, Moyenne-Égypte et Basse-Égypte. La Haute-Égypte contient les provinces de Djirjeh, Monfalout et Mynieh. La Moyenne comprend le Fayoum, le Beni-Soueyef et le Caire. La Basse comprend le Bahyréh, Alexandrie, Rosette, le Garbyéh, le Menouf, Mansourah, Damiette, le Kelyoub et le Scharkyéh.

XXXV. La côte s'étend depuis le cap Durazzo jusqu'à une journée d'El-Arych. Le premier poste où nous ayons eu un établissement est le Marabout, situé à deux lieues ouest d'Alexandrie. Les ports d'Alexandrie sont défendus par une grande quantité de batteries et de forts qui la mettent, tant par terre que par mer, à l'abri de toute attaque; le fort Crettin est un modèle de fortification. Aboukir, est situé à cinq lieues d'Alexandrie, a une bonne rade. Le lac Madyeh, où jadis débouchait la branche du Nil appelée Canopique, arrive jusqu'à une lieue d'Alexandrie et jusqu'à deux lieues de Rosette, et du côté du sud jusqu'à une lieue de Birket. La bouche de Rosette a un boghaz très-difficile à franchir. De Rosette à Bourlos il y a cinq lieues. Le lac de Bourlos a une centaine de djermes et communique à Mehel-el-Kebir par un canal. L'embouchure du lac forme un très-bon port, ayant dix à douze pieds de fond. La bouche de Damiette est défendue par le fort Lesbé. Le lac Menzalèh, qui s'étend jusqu'à l'ancienne Péluse, c'est-à-dire à vingt-cinq lieues, commence à une demi-lieue de Damiette. Il y a deux bouches, celle de Dibèh et d'Omfarège. Il y a une grande quantité de bateaux sur ce lac. Le canal de Moueïs se plonge dans ce lac une lieue au-dessous de Sân. Tynèh, ou l'ancienne Péluse, est à quatre lieues de Quattyeh. Nous avons déjà parlé de Quattyeh à El-Arych. La côte est partout basse et mauvaise ; partout, au moins à une lieue, il y a des monceaux de sable et souvent à deux ou trois lieues.

XXXVI. La population de l'Égypte est de deux millions cinq cent mille habitants. Les Arabes domiciliés et établis avec la protection du gouvernement dans les différentes provinces forment un total de douze mille cavaliers et de quarante mille hommes d'infanterie. Il y a environ quatre-vingt mille cophtes, quinze mille chrétiens damascains et six mille juifs.

XXXVII. La Porte avait abandonné le gouvernement de l'Égypte à vingt-quatre beys, qui avaient chacun une maison militaire plus ou moins nombreuse. Cette maison militaire consistait en esclaves de la Géorgie et de la Circassie, qu'ils achetaient de trois mille à quatre mille cinq cents francs, et qu'ils élevaient en militaires. Il pouvait y avoir, contre notre armée, huit mille mamelouks à cheval, bien montés, bien exercés, bien armés et très-braves, faisant propriété des beys régnants. L'on pouvait compter le double, descendant des autres mamelouks, établis dans les villages ou vivant au Caire.

XXXVIII. Le pacha n'avait aucune autorité. Il changeait tous les ans ainsi que le kadi-askier que la Porte envoyait. Il y avait même dans le reste de l'empire sept corps auxiliaires. Les chefs s'appelaient les sept grands odgiaglys. Ces corps sont tellement diminués par la guerre, qu'il n'en reste plus aujourd'hui d'existant que mille, vieux et infirmes, sans maîtres, et même attachés aux Français.

XXXIX. Les chérifs sont les descendants

de la tribu des successeurs de Mahomet, ou, pour mieux dire, les descendants des premiers conquérants. Ils portent le turban vert.

Les ulémas sont des gens de loi et d'église, qui ne ressemblent d'aucune manière à nos juges ni à nos prêtres.

Le chef des ulémas du Caire s'appelle grand-cheik. Il a la même vénération dans le peuple, que les cardinaux d'autrefois en Europe. Ils disent la prière chacun dans une mosquée, ce qui leur vaut quelque revenu et beaucoup de crédit.

La grande mosquée du Caire, appelée El-Azhar, est grande, belle, et a un grand nombre de docteurs et d'autres attachés à son service. Il y en a vingt-quatre principaux.

XL. Il y a beaucoup de cafés au Caire, où le peuple passe la plus grande partie de la journée à fumer. Les pauvres, les voyageurs, logent dans les mosquées, la nuit et dans la la chaleur. Il y a une grande quantité de bains publics où les femmes vont se baigner et se racontent les nouvelles de la ville.

Les mosquées sont dotées comme l'étaient nos églises.

XLI. Les villages de l'Egypte sont des fiefs qui appartiennent à qui le prince les donne. En conséquence de quoi, il y a un cens que le paysan est obligé de payer au seigneur.

Les paysans sont propriétaires réels, puisqu'ils sont respectés, et qu'au milieu de toutes les révolutions et de tous les bouleversements, l'on ne viole jamais leurs droits.

Cela fait qu'il y a deux espèces d'hommes en Égypte, les propriétaires de fonds ou paysans, et les feudataires ou seigneurs.

Les deux tiers des villages appartiennent aux mamelouks, pour les frais d'administration. Le miri, proprement dit, qui est une imposition assez modique, était censé destiné à la Porte.

XLII. Les revenus de la république consistent en cinq articles :

1. Douanes.
2. Divers droits affermés.

3. Miri, droit de Kaschefs et autres.

4. Le cens ou droit seigneurial, sur les deux tiers de l'Égypte, dont le haut domaine lui appartient; les douanes de Suëz, Q'uoss-seyr, Boulacq, Alexandrie, Damiette et Rosette rendaient quatre à cinq millions.

5. Le miri, les droits de Kaschefs et les cens seigneuriaux se montent à quinze millions.

Les avanies, à deux millions. Un des plus grands revenus des mamelouks, c'étaient les avanies.

L'Égypte peut donc rendre, tout évalué, vingt-quatre millions à la république. En temps de paix, elle peut en rendre jusqu'à trente. D'ici à vingt-cinq ans, l'Égypte peut rendre cinquante millions. Je ne comprends pas dans cette évaluation l'espérance qu'il y a à avoir du commerce des Indes. Mais, pendant la guerre, la suspension de tout commerce rend le pays pauvre, et tout s'en ressent.

XLIII. Depuis notre arrivée, en messidor,

jusqu'en messidor, c'est-à-dire, pendant douze mois, l'on avait retiré de l'Égypte :

francs 500,000 des contributions d'Alexandrie.
150,000 de Rosette.
150,000 de Damiette.
500,000 les cophtes du Caire.
500,000 les Damascains.
1,000,000 les marchands de café turcs.
500,000 divers marchands.
500,000 les femmes des mamelouks.
300,000 la monnaie.
8,500,000 impositions territoriales, ou de métiers, ou de douanes.

Ce qui fait douze millions cent mille francs.

Il était encore dû par les villages des sommes assez considérables que les affaires militaires empêchèrent de retirer.

PIÈCES RELATIVES

A

LA PRISE DE MALTE.

PIÈCES RELATIVES
A
LA PRISE DE MALTE.

L'ordre des chevaliers hospitaliers de Saint-Jean de Jérusalem, possesseur de l'île de Malte lorsque l'armée d'Orient en fit la conquête, avait pris naissance au milieu des croisades. Des marchands napolitains obtinrent, en 1048, du calife Moustach-Billah, la permission de fonder à Jérusalem, et proche du Saint-Sépulcre, un hospice pour les chrétiens latins. Il fut desservi d'abord par les religieux de Saint-Benoît, auxquels vinrent se réunir ensuite des pèlerins qui voulaient consacrer leur vie, dans les saints lieux, au service de l'humanité.

Au temps de la première croisade, en 1099, un Français, du nom de Gérard, était administrateur de l'hôpital Saint-Jean de Jérusalem; et une dame romaine, d'une illustre naissance, appelée Agnès, gouvernait la maison destinée à recevoir les personnes de son sexe.

Godefroy, devenu maître de Jérusalem, affecta à l'entretien de cette institution charitable, des biens qu'il prit sur ses propriétés personnelles dans le Brabant : plusieurs jeunes croisés s'enrôlèrent à cette époque parmi les hospitaliers, qui, bientôt, revêtirent l'habit régulier et prononcèrent les trois vœux de religion.

Tel fut le berceau de l'ordre. En 1118, Raymond Dupuy, ayant été nommé grand-maître, fit de ses religieux des chevaliers. J'ai cité quelques traits de leur histoire dans le cours de mon livre.

Je n'ai point l'intention de faire le récit des événements qui ont mis l'île de Malte au pouvoir de l'armée française, et amené par suite la destruction de l'ordre de Saint-Jean. Je me propose seulement d'en rapporter ce qui sera nécessaire pour l'intelligence des documents qui vont suivre, et qui sont demeurés dans mes papiers de cette époque.

On a dit que nous avions dû à des ressorts secrets la prise de Malte. J'ai la certitude du contraire. Ce qui a pu contribuer à répandre cette opinion, ce furent, après ce que la conquête avait de surprenant, les reproches que les chevaliers adressèrent plus tard au grand-maître, sur lequel ils rejetèrent tout le poids des fautes qui avaient été commises en commun. M. de Hompesch ne se rendit pas coupable de trahison envers son ordre. Notre arrivée jeta l'effroi et la division dans les conseils des chevaliers, et la faiblesse du grand-maître, qui manqua d'énergie et de volonté, ouvrit la porte au désordre et à l'anarchie. Il faut toutefois le rappeler à l'honneur de notre pays, les Français montrèrent en général beaucoup de résolution; ils excitèrent à la défense et occupèrent les principaux postes.

Quelques mois après la prise de Malte, le bailli de Tignié publia à Londres un écrit, répété par les journaux français du temps, où, rapprochant les souvenirs de

Rhodes des conditions du traité conclu entre l'armée française et les chevaliers, il disait : « L'Isle-Adam défendit une mauvaise place » pendant six mois contre un grand conqué- » rant, et emmena tous ses chevaliers avec » lui : Ferdinand de Hompesch n'a pas dé- » fendu deux jours seulement une excellente » place ; il s'est sauvé n'ayant rien demandé » pour l'ordre, laissant ses membres à la dis- » crétion des vainqueurs, et emportant le » prix de sa trahison. » Une démarche plus solennelle vint corroborer ces récriminations ; tristes fruits, après de grands malheurs, de l'orgueil et de l'intérêt froissés.

Beaucoup de chevaliers français avaient demandé à rentrer dans leur patrie ; quelques-uns prirent même du service parmi nous. Les autres, et tous ceux des *langues* étrangères (1), se retirèrent d'abord à Trieste, et ensuite en

---

(1) Par les *langues de Malte* on entendait les différentes nations, ou provinces d'un même état, auxquelles appartenaient les chevaliers de l'ordre. Il y en avait huit : France, Auvergne, Provence, Italie, Aragon, Castille, Allemagne et Angleterre.

Russie, où l'empereur Paul Ier leur accorda un asile et une éclatante protection. Il fit proclamer « que Saint-Pétersbourg était désormais la résidence de l'ordre de Malte, et qu'il promettait à tous les nobles en état de faire les preuves exigées, qui voudraient se rendre à Pétersbourg, qu'ils seraient reçus chevaliers de Saint-Jean. »

Au moment où nous nous étions emparés de Malte, l'empereur Paul venait de conclure avec M. de Hompesch un traité par lequel il assurait à la *langue* de Russie, qu'il avait fondée, par une convention antérieure d'une année environ, « pour la noblesse professant la religion grecque, » un revenu annuel de deux cent mille roubles. Dans cet acte, l'empereur prend le titre de « protecteur de l'ordre de Malte. » Quelque temps après notre conquête, il se déclara grand-maître, et ne consentit que plus tard à ce qu'un autre fût nommé à cette place. Dans l'intervalle, et sous ces influences, le grand-prieur fit paraître à Saint-Pétersbourg, contre la reddition de Malte, une protestation dont voici un pas-

sage : « Réunis sous les auspices de Paul Ier,
» auguste empereur de toutes les Russies,
» nous désavouons solennellement toute dé-
» marche contraire aux lois de notre institu-
» tion ; nous regardons comme dégradés de
» leurs rang et dignité tous ceux qui ont ré-
» digé, accepté et consenti l'infâme traité qui
» livra Malte, ainsi que tous ceux qui seront
» convaincus d'avoir coopéré directement ou
» indirectement à cette œuvre d'iniquité. »
Peu de mois après, M. de Hompesch fit remettre sa démission à l'empereur.

Nous arrivâmes devant Malte le 21 prairial an VI, et l'on refusa d'admettre nos bâtiments dans le port, ou du moins d'en recevoir plus de deux à la fois. Si nous avions pu y introduire notre escadre, le projet de Bonaparte était de débarquer dans la ville et de s'en emparer par un coup de main. Le 22, à la pointe du jour, les troupes avaient descendu à terre : le soir, la place était investie, le reste de l'île soumis, le général Desaix posté au pied du glacis de la Cotoner et du fort Ricazoli ; et j'avais repoussé une sortie tentée par les assiégés à la porte de Saint-Joseph, dont je m'emparai. Ce corps, composé des milices maltaises, massacra dans sa fuite sept des chevaliers français qui marchaient à sa tête, et compléta, par cet acte de cruauté, la confusion qui régnait à Malte. Elle était si grande, qu'on lit, dans l'écrit du bailli de Tignié, que déjà « des patrouilles s'y étaient fusillées entre » elles. » Le 23, au matin, le grand-maître demanda une suspension d'armes; à minuit, ses envoyés étaient à bord de *l'Orient*, auprès du général en chef, signant la convention définitive, et le 24 nous entrions dans la ville.

Malte nous était utile comme point d'appui dans la Méditerranée, pendant notre expédition en Égypte, et la moindre résistance qu'elle eût faite nous aurait été funeste, car la flotte anglaise était bien proche. Nous y passâmes huit jours, employés par le général Bonaparte en soins d'organisation; et à peine nous venions d'en partir, que Nelson se présenta devant la ville.

Ce fut un coup de fortune que cette prompte reddition, sur laquelle on n'avait pas droit de compter ; un de ces évér ements extraordinaires dont l'histoire de Napoléon est remplie, et qui, marqués du doigt de la Providence, viennent encore grandir ce que son génie a conçu. Afin de motiver notre agression, on fit valoir de prétendus griefs de la France contre l'ordre de Saint-Jean : en pareil cas on en trouve toujours. Ceux que l'on mit en avant sont détaillés dans une note que le gouvernement avait remise au général Bonaparte, et qui fait le fond d'un message que le directoire adressa aux deux conseils de la république, en leur annonçant la prise de Malte.

EXPOSÉ SUCCINCT

DE LA CONDUITE DE MALTE A L'ÉGARD DE LA FRANCE PENDANT LA RÉVOLUTION.

De 1791 jusqu'en 1795, ce gouvernement a ouvertement autorisé et encouragé ceux des chevaliers qui voulaient se joindre à l'armée des émigrés.

Les émigrés qui se sont réfugiés à Malte, quoique non chevaliers, ont été, par honneur et en leur qualité d'émigrés, agrégés à l'ordre, entre autres le comte de Narbonne-Frislar, qui, de plus, a été accueilli avec la plus grande distinction.

Malgré le décret qui déclarait biens nationaux les biens que l'ordre possédait en France, le grand-maître n'a pas cessé, jusqu'à présent, de donner les chimériques commanderies de France à mesure qu'elles vaquaient.

Lors de la déclaration de l'Espagne contre

la France, tous les vaisseaux de guerre espagnols eurent ouvertement la permission de recruter des matelots à Malte, et, sur la demande de la cour d'Espagne, quatre mille fusils lui furent accordés pour ses armées de terre.

Permit aussi aux Anglais de recruter des matelots dans l'île, et avec un tel dévouement de la part du gouvernement de Malte, qu'il prononçait la peine des galères, pour trois ans, contre ceux qui violaient leurs engagements.

En 1794, Elliot, vice-roi de Corse pour l'Angleterre, manquait de poudre pour conserver cette conquête : il en obtient deux cents quintaux du gouvernement de Malte.

Jusqu'en 1796, tous les bâtiments français de commerce entrant dans le port, étaient contraints de baisser le pavillon national.

Au mois de décembre dernier, deux frégates françaises, la *Justice* et l'*Artémise*, vinrent mouiller dans le port : l'agent consulaire sollicita vainement la permission de recruter des matelots; et, dans le même temps, deux corsaires anglais eurent toute facilité à cet égard.

Tous les partisans de la révolution ont été persécutés : plusieurs d'entre eux exilés sans formalité, et, dans le mois de mai 1797, un grand nombre arrêtés et emprisonnés comme des criminels; Vassello, un des hommes les plus recommandables du pays par ses profondes connaissances, condamné à être renfermé pour la vie.

Par tous ces faits, il résulte que Malte a été l'ennemie de la France depuis la révolution, et, par son manifeste (ci-joint), qu'elle a été en état de guerre contre elle dès 1793.

MANIFESTE DU 1ᵉʳ OCTOBRE 1793.

La cour de Naples ayant fait notifier au grand-maître de l'ordre souverain de Malte que, ne voulant conserver aucune relation avec ceux qui gouvernent actuellement la France, elle avait renvoyé tous les agents qui jusqu'alors avaient résidé près de S. M. Sicilienne ou dans ses ports, S. A. E. a saisi avec empressement cette occasion de fermer le port de Malte à toutes sortes de vaisseaux de guerre ou de corsaires français, pendant tout le temps de la guerre. Par cet acte authentique, le grand-maître a voulu déclarer qu'il ne conserve aucunes relations avec la France, depuis les troubles épouvantables qui se sont manifestés dans ce royaume, et qui l'ont privé d'un souverain universellement regretté.

La violation du droit des nations commise en France, relativement à l'ordre de Malte, a fait croire à ceux qui ne connaissaient pas les lois fondamentales de l'ordre que le grand-maître aurait dû user plus tôt de représailles; mais ces lois l'obligaient à garder la neutralité. D'ailleurs le grand-maître n'a pas voulu se mettre dans le cas de reconnaître la prétendue république française, et pour éviter cet inconvénient S. A. E. a ordonné, depuis le 15 mars, au chevalier de Seytres-Caumont, qui, en qualité de membre de l'ordre, résidait à Malte, comme chargé d'affaires par le roi Louis XVI, de glorieuse mémoire, de continuer comme par le passé à gérer les affaires de France, d'après le titre qu'il avait reçu de son roi, et de garder sur sa porte les armoiries de France. En conséquence ledit chevalier a été constamment reconnu comme chargé des affaires de France à Malte et il en exerce encore les fonctions sous la protection du grand-maître. C'est dans ces circonstances que S. A. E. a été surprise d'apprendre, par une voie indirecte, qu'un certain Aymar avait été nommé pour remplacer le chevalier de Seytres-Caumont et qu'il était déjà en voyage pour se rendre à Malte. S. A. E. déclare qu'elle ne recevra ni n'admettra ledit personnage, non plus que tout autre qui serait envoyé pour résider à Malte comme agent de la prétendue république française, que le grand-maître ne doit, ne peut, ni ne veut reconnaître.

LIBERTÉ.   ÉGALITÉ.

AU CITOYEN BONAPARTE,

GÉNÉRAL EN CHEF DE L'ARMÉE FRANÇAISE.

Malte, le 10 juin 1798, année 6° de la liberté batave.

Son altesse éminentissime le grand-maître, et son conseil, m'ayant fait appeler, m'ont chargé de vous marquer, citoyen général, que, lorsqu'ils vous ont refusé l'entrée des ports, et qu'ils ont demandé à savoir votre réponse, ils avaient prétendu seulement savoir en quoi vous désiriez qu'ils dérogeassent aux lois que leur neutralité leur impose. La conduite de l'ordre envers la république française, et la protection que cette nation lui a toujours accordée, ainsi qu'à son peuple, duquel il sera toujours inséparable, lui fait regarder une rupture comme un malheur auquel il veut mettre un terme. S. A. E. et son conseil demandent donc la suspension des hostilités, et que vous donniez à connaître quelles sont vos intentions, qui seront sans doute conformes à la générosité de la nation française, et aux sentiments connus du célèbre général en chef qui la représente.

Salut et fraternité.

Le consul général de la république Batave.
Frémeaux.

SUSPENSION D'ARMES.

Il est accordé pour vingt-quatre heures, à compter depuis six heures du soir d'aujourd'hui 11 juin 1798, jusqu'à six heures du soir demain 12 du même mois, une suspension d'armes entre l'armée de la république française, commandée par le général Bonaparte, représenté par le chef de brigade Junot, premier aide-de-camp dudit général, et entre son altesse éminentissime et l'ordre de saint-Jean de Jérusalem.

HOMPESCH.

A 9 heures et demie du matin, le 24 prairial.

AU CITOYEN BONAPARTE,

GÉNÉRAL EN CHEF, ET EN SON ABSENCE AU CITOYEN BRUEIS, AMIRAL, A BORD DE L'ORIENT.

Citoyen général,

La ville est en rumeur : quelqu'un assurément travaille les paysans. On répand ce matin que cette nuit, malgré l'armistice, les Français ont tenté d'escalader le côté de la Cotoner. Il est possible qu'en ce moment nos troupes n'eussent pas encore connaissance de la suspension d'armes. Cependant il y a eu des fusillades : de là les paysans disent qu'on les trahit. Le château Saint-Ange qui a vu l'escadre s'approcher du port, prétend qu'elle va entrer; il veut faire feu sur elle : les paysans se sont révoltés contre les chevaliers, et disent qu'ils ne veulent entendre à reddition. Il serait possible qu'il y eût quelques coups de canon de tirés de la ville, et quelque riposte. Hâtez-vous de faire avertir les postes qu'ils ne prennent pas cela pour une agression, et qu'ils se retirent hors de la vue; surtout qu'il y ait discipline dans les campagnes. Il est nécessaire aussi que l'escadre s'éloigne du port. Il sera temps d'y entrer quand nous aurons les forts. Le grand-maître a approuvé la convention. Elle est actuellement sous les yeux du grand conseil, qui sans doute l'approuvera aussi, et aussitôt elle s'exécutera. Mais il faut beaucoup de prudence et de précautions. Par exemple, il faudrait faire arriver les officiers qui doivent venir à dix heures ou midi, par la porte de la Floriane.

Le palais du grand-maître est dans l'anarchie. Tous les chevaliers qui le remplissent tremblent que toutes les affaires ne se gâtent par quelque imprudence de part ou d'autre.

Je me dépêche de vous faire parvenir cet avis par un *spéronar*.

Salut et respect.

POUSSIELGUE.

A dix heures et demie.

AU CITOYEN BONAPARTE,

GÉNÉRAL EN CHEF DE L'ARMÉE DE LA MÉDITER-
RANÉE, A BORD DE L'ORIENT.

Citoyen général,

Tout va bien maintenant, les forts Saint-Ange sont mis à la raison, mais le point le plus important, et auquel le grand-maître attachera un grand prix, si vous l'accordez, c'est de renvoyer promptement de cette ville le ministre de Russie, à qui il vous prie d'accorder un passeport, et de le lui envoyer tout de suite pour que le ministre parte aujourd'hui. En mon particulier, je crois que la ville en sera plus tranquille.

La convention a été ratifiée; on l'a publiée aux acclamations de la ville. On ajoute à la teneur un article *verbalement* que nous avons oublié : c'est d'annoncer aux Maltais que tous leurs compatriotes esclaves en Barbarie vont être mis en liberté, et qu'ils vont jouir de la liberté du pavillon ; c'est le plus grand sujet de joie.

Salut et respect,

POUSSIELGUE.

« Renvoyez votre réponse avec le passeport par le retour du *Spéronar*, si vous n'y voyez pas d'inconvénient.

TRAITÉ

POUR

LA REDDITION DE MALTE.

Convention entre la république française, représentée par le citoyen Bonaparte, général en chef, d'une part, et l'ordre des chevaliers de Saint-Jean-de-Jérusalem, représenté par le bailli de Tosino Frisari, le commandeur Bosredon de Ransijat, le docteur Nicolas Muscat, l'avocat Benoit Schembri et le conseiller Bonnano, d'autre part; sous la médiation de S. M. C. le roi d'Espagne, représenté par le chevalier Philippo Amat, son chargé d'affaires.

ARTICLE PREMIER.

Les chevaliers de l'ordre de Saint-Jean-de-Jérusalem remettront à l'armée française la ville et les forts de Malte. Ils renoncent, en faveur de la république française, aux droits de souveraineté et de propriété qu'ils ont, tant sur cette île que sur les îles de Gozo et Cumino.

ARTICLE DEUX.

La république française emploiera son influence au congrès de Rastadt pour procurer au grand-maître, sa vie durant, une principauté équivalente à celle qu'il perd ; et, en attendant, elle s'engage à lui faire une pension annuelle de trois cent mille francs, et il lui sera donné en outre la valeur de deux années de la susdite pension, à titre d'indemnité pour son mobilier. Il conservera, pendant tout le temps qu'il restera à Malte, les honneurs militaires dont il a joui précédemment.

ARTICLE TROIS.

Les chevaliers de l'ordre de Saint-Jean-de-Jérusalem qui sont Français, actuellement à Malte, et desquels il sera pris note par le général en chef, pourront rentrer dans leur patrie, et leur résidence à Malte sera considérée comme une résidence en France. La république française emploiera ses bons offices auprès des républiques cisalpine, ligurienne, romaine et helvétique, pour que le présent article soit commun aux chevaliers de ces différentes nations.

ARTICLE QUATRE.

La république française fera une pension de sept cents francs aux chevaliers français actuellement à Malte, leur vie durant. Cette pension sera de mille francs pour les chevaliers sexagénaires et au-dessus. La république française emploiera ses bons offices auprès des républiques cisalpine, ligurienne, romaine et helvétique, pour qu'elles accordent la même pension aux chevaliers de ces mêmes nations.

ARTICLE CINQ.

La république française emploiera ses bons

offices auprès des autres puissances de l'Europe pour qu'elles accordent aux chevaliers de leur nation l'exercice de leurs droits sur les biens de l'ordre de Malte situés dans leurs états.

ARTICLE SIX.

Les chevaliers conserveront les propriétés qu'ils possèdent dans les îles de Malte et de Gozo, à titre de propriétés particulières.

ARTICLE SEPT.

Les habitants des îles de Malte et de Gozo continueront, comme par le passé, à jouir du libre exercice de la religion catholique, apostolique et romaine; ils conserveront les propriétés et priviléges qu'ils possèdent, il ne sera mis aucune imposition extraordinaire.

ARTICLE HUIT.

Tous les actes civils passés sous le gouvernement de l'ordre seront valides et auront leur exécution.

Fait double à bord du vaisseau l'Orient, devant Malte, le 24 prairial, VIme année républicaine.

AU GÉNÉRAL BONAPARTE.

Le grand-maître prie le citoyen général en chef Bonaparte, de lui dire sur quelle somme d'argent comptant il doit faire ses arrangements; il désire qu'elle soit la plus forte possible, attendu les frais nombreux et indispensables d'un aussi long voyage, et le prie en outre que les lettres de change soient promptement expédiées, vu le peu de temps qu'il y a d'ici à son départ. L'argent comptant et les lettres de change formeront la somme de quatre cent mille francs, attendu que les deux autres cent mille, complément de l'assignation totale de six cent mille livres, restent pour le paiement à-compte de ses dettes. Il demande enfin où, et dans quel moment il pourra recevoir la somme convenue.

HOMPESCH.

AU GÉNÉRAL BONAPARTE.

Citoyen général,

J'eusse mis un grand empressement à vous aller offrir l'expression de ma reconnaissance des constantes attentions que vous avez eues pour moi, et de la manière infiniment prévenante avec laquelle vous avez accueilli les diverses demandes que j'ai cru pouvoir vous faire, si, par une délicatesse qui n'a pour objet que de ne rien faire qui puisse rappeler aux Maltais et ma personne et leur ancien attachement, je ne m'étais déterminé à éviter toute occasion de me montrer en public. Veuillez donc bien recevoir par écrit l'expression de ma sensibilité, mes adieux et mes vœux pour vous.

C'est par une suite de la confiance, citoyen général, que m'a donnée la connaissance particulière de votre généreuse manière de penser, que je vous présente pour la dernière fois mes vives instances pour l'exécution de la promesse que vous avez bien voulu me faire hier relativement aux passeports des membres français de l'ordre. Je joins séparément le projet d'une formule générale qui, si vous l'adoptiez, remplirait les vœux de tous les chevaliers, à la tranquillité et aux désirs de qui mon bonheur est de coopérer (1).

Désirant partir à l'heure la plus tranquille de la nuit, je vous prie, citoyen général, de donner les ordres nécessaires pour que les portes de la ville me soient ouvertes à deux heures du matin, et je me rendrai à bord sous l'escorte de vos guides, que vous avez eu l'attention de me destiner.

J'avais déjà eu l'honneur de vous prévenir, citoyen général, que je désirais consacrer à l'acquit des dettes que je laisse la moitié de la somme que la république française m'accorde en indemnité, et cent mille livres, par chacun an, sur la pension qu'elle m'assigne ; je vous

---

(1) En vertu de la convention passée le . . . . . . entre . . . . et particulièrement de l'article trois dudit traité, portant . . . . Il est permis à . . . . . . de se rendre en France.

prié en conséquence, citoyen général, d'ordonner que cette délégation de trois cent mille livres présentement, et de cent mille livres annuellement jusqu'à l'extinction des créances, soit remise entre les mains du citoyen Poussielgue, capitaine du port, que j'établis mon procureur fondé, à la fin de percevoir lesdites sommes, et distribuer les paiements entre mes créanciers.

Recevez, citoyen général, l'hommage de ma haute estime et de mon sincère attachement.

Le grand-maître,

Hompesch.

ÉTAT ACTUEL

DE

L'INSTRUCTION PUBLIQUE

A MALTE.

Les établissements destinés à l'instruction publique sont un collége, une chaire de langue arabe, une bibliothèque.

Dans le collége,

Un maître enseignait l'écriture et le calcul.

Trois le latin.

Un la rhétorique.

Un la logique et la métaphysique.

Un les mathématiques et la physique.

Deux la théologie.

Deux le droit civil et canon.

Un la médecine.

Outre ces douze professeurs, il y avait un recteur, deux préfets, et six employés subalternes.

Ils instruisaient environ quatre cents élèves, dont dix pensionnaires; l'instruction était gratuite : il paraît qu'elle était assez bornée, surtout en physique.

Les revenus des ci-devant jésuites étaient affectés aux dépenses du collége : ils se montent à environ dix-huit mille francs de France, par an.

D'après les comptes de l'année 1796, il paraît que les dépenses peuvent être rangées en quatre classes :

1° Les appointements des professeurs, non-compris la nourriture et le logement. . . . . 6,485 fr.

2° La nourriture des professeurs et le salaire des employés de la maison. 6,571

3° L'administration des biens du collége. 2,340

4° Entretien d'églises, messes léguées, catéchismes de missionnaires, et autres objets étrangers à l'objet du collége. 7,718

Total. 23,114

Il y eut par conséquent cette année un déficit qui fut rempli par le grand-maître.

La chaire d'arabe, actuellement vacante, était entretenue sur un fonds particulier, d'environ douze cents livres.

La bibliothèque est composée d'environ trois mille volumes ; il y manque les ouvrages les plus modernes. Elle renferme un cabinet de médailles et quelques antiquités ; on lui a préparé un local où elle sera bien placée. Elle était entretenue par les livres, médailles, etc., provenant des héritages des personnes de l'ordre. La vente des doubles paierait un bibliothécaire, un sous-bibliothécaire et deux employés. Outre cette bibliothèque publique, il y en a une dans le palais, celle du feu grand-maître, qui devrait y être réunie : on la dit bonne.

Il existe également un observatoire qui n'est d'aucun usage, mais dont les instruments sont bons et complets.

Outre les établissements publics, les ressources que Malte offre pour l'instruction, consistent dans quelques maîtres particuliers de mathématiques, de dessin, de langues. Le chapelain du fort Saint-Elme donne gratuitement des leçons de mathématiques assez suivies.

Il y a dans la ville cinq ou six maîtres d'école enseignant à lire, à écrire, et le latin à une centaine d'écoliers, et une vingtaine de maîtres enseignant la même chose dans les principaux cazaux; ils sont payés par leurs élèves, mais très-modiquement, et vivent de fonctions ecclésiastiques ou du travail de la terre.

Il y a un séminaire dans la cité vieille.

RAPPORT

POUR LE GÉNÉRAL EN CHEF.

Les revenus totaux du grand-maître montaient, suivant l'état dressé sur les registres de la secrétairerie, et en prenant le taux moyen de cinq années, à la somme de. . . . . 262,397 écus.

A déduire :

1° Le produit dû, qui rapporte seulement. 80,535

2° Les annates des commanderies. 25,503

3° Les prises sur les barbaresques, qui n'auront plus lieu... 4,279

4° Le droit sur les esclaves, qui sera anéanti. 2,358

5° Le loyer des maisons, qui passera à la caisse des biens nationaux............	434
6° Les pensions sur les commanderies magistrales..........	7,570
A déduire	120,679
Reste que le gouvernement peut percevoir............	141,715 écus.
Qui, à deux livres huit sols chaque, font, argent de France, la somme de........	340,116 liv.

Il faut observer que, pour pourvoir à ses dépenses, le grand-maître et les langues ont pris à la caisse de l'université différentes sommes, et qu'ils doivent, par compte réglé, sept cent quarante-huit mille cent trente-six livres, non compris d'autres sommes pour lesquelles le grand-maître a mis à la caisse des bons qui représentent des valeurs effectives à la décharge du trésorier.

Partant de ces bases, nous allons examiner quelle est la dépense présumable du gouvernement, et les moyens d'y pourvoir.

1° *Frais d'administration.*

Neuf individus délibérant retardent le travail au lieu de l'accélérer. Il en est, d'ailleurs, de peu capables parmi ceux nommés.

D'un autre côté, deux mille livres seulement paraissent un traitement peu considérable.

On proposerait au général en chef de statuer que, sur les neuf membres, on en nommera trois qui seront chargés des affaires.

Les neuf ne se réuniraient que deux fois par décade, pour les objets importants.

On changerait un administrateur tous les six mois.

Les administrateurs en activité habituelle auraient quatre mille livres, et les autres mille seulement. Total. . . . . 10,000 liv.

Les autres dépenses d'employés et frais de bureau, évaluées par aperçu à. 22,000

Dépenses des municipalités des villes, pour les secrétaires, commis, garçons de bureau, etc.. 6,000

Juges de paix. 4,800

Tribunaux civils et criminels, et commissaires. 20,000

Entretien des prisons, des édifices publics, palais magistral, etc. 30,000

Nourriture des prisonniers. . 6,000

Bibliothèque. 1,000

Dépenses imprévues. 12,000

Total. . . . 120,000 liv.

D'après le calcul, et en joignant aux cent vingt mille livres, six cent mille livres, pour pouvoir verser chaque mois cinq mille livres à la caisse du payeur. 600,000

Il faut par an. . . . . 720,000 liv.

On y pourvoirait de la manière suivante :
Douanes. . . . . 300,000 liv.
Accise sur le vin. 180,000
Droit d'enregistrement et de timbre. 50,000
Sel. 100,000
Tabac. 30,000
Droits sur les loyers de maison et les domestiques. 30,000

Total. . . . . . 720,000 liv.

Mais, 1° on ne peut compter sur la perception de ces impôts que dans un certain délai nécessaire pour leur établissement.

2° Il faudrait laisser la latitude nécessaire pour reporter de l'un sur l'autre, si quelques objections, qu'on n'a pas eu le temps de recueillir, rendaient une imposition difficile, ou son produit moindre.

Ainsi, les trois premiers mois, la caisse de l'extraordinaire paierait les cinq mille livres, et le gouvernement ne commencerait à les verser que pour le mois de vendémiaire.

Du 30 prairial.

RÉSULTAT.

Le général en chef ordonne :

Art. 1er. Les impôts établis sont provisoirement maintenus; le commissaire du gouvernement et la commission administrative en assureront la perception.

Art. 2. Dans le plus court délai il sera établi un système d'imposition nouvelle, de manière que le produit total, pris sur

les douanes,
les vins,
l'enregistrement,

le timbre,
le tabac,
le sel,
les loyers de maison et les domestiques

s'élève à sept cent vingt mille livres.

NOTES

SUR LE

TABLEAU D'OBSERVATIONS

PHYSIQUES ET MÉTÉOROLOGIQUES.

NOTES

SUR LE

TABLEAU D'OBSERVATIONS

PHYSIQUES ET MÉTÉOROLOGIQUES.

J'ai rapporté, dans le récit de mon voyage, une partie de mes observations de physique et de météorologie. Je les ai réunies toutes dans un tableau complet, qui sera publié avec l'atlas qui doit accompagner cet ouvrage, et je le fais précéder par les notes suivantes, qui n'auraient point trouvé place dans les colonnes du tableau.

Température atmosphérique et hygrométrie. — On pourra remarquer que les différences que j'ai notées, entre la température à l'ombre et celle au soleil, sont beaucoup plus considérables, dans plusieurs cas, que celles que l'on constate ordinairement, et qui ne dépassent guère dix à douze degrés centigrades. Je n'hésite cependant pas à donner ces observations, parce qu'elles étaient faites avec beaucoup de soin, le thermomètre à boule noire, exposé au soleil, étant placé à l'air libre; et que je me regarde comme certain de leur exactitude. J'ai constamment trouvé que la différence d'élévation de ce dernier thermomètre diminuait toujours, quoique la température absolue à l'ombre augmentât, lorsqu'il y avait des vapeurs dans l'air. A Constantinople, où elles étaient le plus souvent très sensibles à midi, le thermomètre, au soleil, marquait alors moins de degrés que le matin.

On verra dans le tableau, par les variations que l'atmosphère a subies à Odessa et dans la Crimée, à la fin du mois de juin, et pendant la dernière semaine de juillet à Constantinople, que, terme moyen, au moment de la plus grande chaleur, l'air était chargé de vapeurs. Cette remarque peut n'être pas sans impor tance si l'on se rappelle que c'est à cette époque de l'année que la peste se déclare à Constantinople.

Température des sources. — J'ai dit, en rendant compte de ma course aux bains de Broussa, que j'avais vu un Turc rester longtemps dans un bain d'eau à la température de soixante-dix-huit degrés centigrades. A l'air libre, ou dans un milieu qui permet à une transpiration abondante de s'établir, le corps humain peut facilement supporter une plus haute température atmosphérique; mais les médecins fixent à quarante-deux degrés la chaleur d'un bain d'eau pure, qu'on peut endurer sans être incommodé, et sans que le pouls s'accélère d'une manière inquiétante. Il y a loin de ce nombre à celui qu'indiquait le thermomètre placé dans l'eau où se baignait le Turc, qui fait le sujet de mon observation. Tout ce que je puis dire c'est que je l'ai vu, et que le docteur Seng, qui m'accompagnait, l'a vu comme moi, et me fit remarquer dans le moment ce que le fait avait d'extraordinaire.

Je dois faire observer que lorsque j'ai déterminé la température de la source du Siloé, à Jérusalem, le réservoir qui reçoit l'eau était plein, et que j'ai opéré à l'extrémité du conduit creusé dans le roc, de manière que l'atmosphère avait influé sur la température de l'eau : il était huit heures du matin. Cette source ne coule pas également et sort très-lentement.

Hauteur des montagnes. — La question de savoir si les climats ont changé depuis une longue succession de siècles a beaucoup occupé les savants, et M. Arago a publié à ce sujet un article, aussi intéressant que remarquable, dans l'annuaire du bureau des longitudes. J'ai constaté qu'il n'y avait pas de neiges perpétuelles au sommet du mont Olympe, dont l'élévation est de deux mille deux cent quarante-sept mètres. Lorsque j'ai gravi cette montagne, au mois d'août, on n'en voyait que quelques parcelles dans les anfractuosités, à l'exposition du nord, où le soleil ne pénetre jamais. Il sera facile de comparer cette observation à celles qu'ont pu faire les anciens voyageurs, et de conclure sur cette importante question de climatologie, relativement à l'Asie-Mineure.

J'ai déterminé la hauteur du mont Sannin à deux mille cinq cent vingt-cinq mètres. Cette montagne passe pour la plus élevée du Liban; je crois que c'est à tort, et que le Kar, dans le Liban, et le mont du Cheik, dans l'Anti-Liban, lui sont supérieurs, mais de fort peu de chose : le point le plus élevé ne doit point surpasser deux mille six cents à deux mille sept cents mètres. Là aussi on rencontre seulement quelques dépôts de neige dans les crevasses des montagnes, au mois de septembre.

Électricité atmosphérique. — Des observations qui se recommandent à l'attention des physiciens, et que je leur soumets avec toute la réserve que doit m'inspirer le résultat phénoménal que j'ai constaté, sont celles d'électricité atmosphérique *négative*, *par un temps serein*, notées à Constantinople, à Alexandrie et près du Caire. Je ne sache point qu'aucun observateur ait trouvé, en Europe, lorsque le ciel était dans cette condition, que l'électricité de l'atmosphère fût négative. Je ne pense pas cependant avoir commis d'erreur. Mes instruments étaient bons et voici le mode que j'employais pour mes observations :

Je me servais d'une petite colonne en verre, contenant une pile sèche de quatre cents disques. Une tige, isolée par de la cire d'Espagne, sortait de ce bocal, et j'adaptais à la partie saillante de la tige un fil métallique enveloppé de soie. Ce fil, long de dix-sept à dix-huit pieds, était soutenu par une verge de bois, composée de quatre parties d'une canne creuse, qui se plaçaient bout à bout, et acquéraient ainsi la longueur nécessaire. Un morceau d'amadou allumé était mis au bout de la canne, à l'extrémité du fil métallique, pour établir le courant et le favoriser, et un mouvement de bas en haut, et de haut en bas, était imprimé lentement à la canne et au fil, jusqu'à ce qu'un effet fût produit sur la feuille d'or, suspendue dans la colonne de verre, ou que son immobilité constante eût prouvé qu'il n'y avait pas d'électricité appréciable dans l'atmosphère.

C'était toujours en plein air que j'opérais, et ordinairement, en Égypte, sur le pont du bateau dans lequel je voyageais.

TABLE SOMMAIRE

DES QUATRE VOLUMES.

TOME PREMIER.

Page 5. Moyens de transport entre Pesth et Vienne.

Page 9. Haras de Babolna. — Ville et forteresse de Comorn. — Rencontre avec le lieutenant-général Bakongi. — Bude, ville ancienne et capitale de la Hongrie. — Pesth, ville de commerce et d'industrie. — Usages commerciaux en Hongrie. — Priviléges des gentilshommes. — Prospérité à venir de la ville de Pesth. — Observatoire de Bude. — L'archiduc palatin. — Population d'Altenbourg. — Fort de Forchtenstein, son artillerie et son trésor. — Statut de la maison Esterhazy. — L'arbre généalogique. — Curieuses plantations à Resbourg. — L'hospitalité à Apaty chez le comte Paul Szechéni.

Page 55. Château du comte Festetich à Keszthely. — Stuhlwessenburg. — Le château de Lengyeltoti. — Son propriétaire, le baron Fechtig. — Stuhlweisenbourg, une des villes les plus anciennes de la Hongrie. — Courses de chevaux aux environs de Bude. — Son hippodrome. — Gran, siége de l'archevêque primat de Hongrie. — L'église et son architecture. — Visite aux mines de Schemnitz. — La galerie souterraine. — Neusohl, ses mines de cuivre. — Son phénomène. — Chremnitz. — Ses mines d'or. — Son hôtel des monnaies. — Presbourg, son château en ruines. — Le couronnement du roi Ferdinand en 1830. — L'hospitalité hongroise. — Les plaines du Pousta. — Nombreuse population des villages.

Page 61. Kecskemet, ville. — Hospitalité municipale. — Description des plaines.

Page 64. Csongrad, sa population. — Diner à Deré-Kegyhaza chez le comte Louis Karoly. — Mezohegyés. — Son haras. — Son administration. — Sa production.

Page 74. La rivière de la Maros à Arad. — Forteresse de Temeswar.

Page 78. Karansèbes. — Régiments frontières de l'Autriche. — Leur organisation militaire et civile. — Administration et justice.

Page 194. Caractère de Joseph II. — Catastrophe de 1789. — La Temés, rivière aux sables d'or. — Les Zingares, leurs mœurs. — Orsova près le Danube. — Son lazaret. — Neu-Orsova. — Sa forteresse en ruines. — Insectes nuisibles aux animaux. — Méhadia, ses sources d'eau minérale. — Ses bains.

Page 130. Deva, ville dans la vallée de la Maros. — Ses mines d'or, d'argent, de cuivre et de plomb. — Son château, ruine romaine. — Description de la Transylvanie. — Division politique et religieuse de la population. — L'état ne reconnaît que trois nations. — Population de la Valachie et sa richesse.

Page 140. Hermanstadt. — Champ de bataille de Izsvaras. — Arrivée de l'archiduc Ferdinand, délégué pour ouvrir la diète.

Page 147. Carlsbourg. — Ses fortifications. — Son point d'attaque. — Son hôtel des monnaies. — Procédé de M. Darcet pour la séparation de l'or et de l'argent. — La cathédrale.

Page 149. Les mines de Zalatna. — Bois mal administrés. — Production des mines. — Leur exploitation, et la manière d'extraire les matières du minéral. — Leur richesse.

Page 155. Le champ de bataille au 15ᵉ siècle. — Les belles salines de Maroroulvar. — Leur production. — Les bâtiments de l'exploitation de Clausenbourg. — Chevaux d'une réputation méritée. — Sa population. — Usines et moulins extraordinaires. — Le baron Josika, gouverneur civil de la province.

Page 162. Patriotisme des principales familles de la Transylvanie. — Curiosités des rivières et montagnes. — Bucovine, petite province cédée par les Turcs en 1775. — Jacoboni, ses mines possédées par l'empereur. — Czernowitz, capitale de la Bucovine.

Page 169. Russie méridionale. — Visite des autorités. — La Bessarabie. — Ses magnifiques pâturages, et son manque d'eau. — Ses productions. — Le gouverneur et l'état-major réunis à Kirchenew. — Bender. — La position du fort. — La forteresse près du Dniester.

Page 175. — Odessa. — Le comte Michel Woronzow, général en

chef et gouverneur. — Il est l'objet d'une affection universelle. — Le comte de Witt commandant des troupes et inspecteur des colonies militaires de cavalerie. — Présentation des autorités, par le comte de Woronzow. — Visite avec lui dans les établissements. — Ses occupations pour le bien général. — La beauté de la ville et des édifices. — La statue du duc de Richelieu. — Un mot sur le recrutement de l'armée russe; sa formation.

Page 197. — Colonies militaires. — Première colonisation sous Élisabeth. — Deuxième en 1817. — L'empereur adopte, en 1821, un nouveau système pour ces colonies. — Organisation des régiments colonisés. — Administration, justice civile. — Jugements criminels. — Mode d'instruction pour la jeunesse. — Force des régiments et leur organisation en temps de guerre. — Position du soldat dans sa colonie. — La revue du régiment à Olschanka. — Son administration et sa banque de prêt pour les cultivateurs. — Différence de civilisation depuis vingt ans. — Changements survenus depuis dix-sept ans. — Comparaison entre les colonies militaires de la Russie et les régiments frontières de l'Autriche.

Page 220. — Bug. — Déjeuner à Paláwski chez le général Korsz, ancien chef d'état-major de Souwarow. — Un entretien sur le comte de Souwarow. — Mot de Catherine II. — Extravagance de Souwarow devant l'impératrice. — Son sang-froid devant Romanzoff. — Son talent militaire. — Commencement de sa renommée en 1796 et 1797. — Sa prophétie. — Le beau village de Vosningschensky. — Le général Sacken. — Ses attentions et celles des autres généraux. — Visite dans les colonies militaires et de Vosningschensky, Lisagara et Obschanka.

Page 241. — Dobrenka. — Son haras. — Neu-Prchengelsky. — Village de Targowitz, célèbre par la confédération de 1793. — Son propriétaire. — Le comte Alexandre Potocki. — Son château.

Page 246. — Le régiment de hussards de Paulograd. — Célèbre jardin Sophiowka. — Sa description. — Ce qu'il a coûté. — Un dîner chez les officiers du régiment. — Concert vocal des soldats.

Page 251. — La ville d'Élisabethgrad. — Ordre donné par le comte Witt. — Manœuvre des régiments de cavalerie. — Observations sur leur armement. — Opinion sur l'emploi de la lance dans la cavalerie. Bataille de Dresde en 1813. — Novaïa-Praga. — Conduite brillante de son régiment. — Son propriétaire. — Sa colonisation et l'incendie de la ville.

Page 265. — Nicolajeff, port de marine russe. — Son arsenal. — L'amiral Lazaref, marin distingué. — Le vaisseau le Varsovie. — L'observatoire et son instrument curieux. — Knom, son astronome. — La maison de Potemkin. — La musique russe.

Page 270. — Ocsakow. — Son assaut en 1788. — Fait d'armes de Souwarow. — Sa punition. — Une nouvelle gloire pour lui.

Page 275. — Retour à Odessa. — Embarquement sur un yacht de l'empereur. — Composition de la société. — Madame de Choiseul. — Arrivée à Sébastopol, magnifique port. — Sa rade. — Visite à l'escadre d'instruction. — Progrès de la marine russe. Le contre-amiral Counant. — Position avantageuse sur la mer Noire. — La population du port. — Position de sa forteresse. — L'ingénieur français Raucourt. — Son idée pour utiliser une petite rivière. — L'ingénieur anglais John Nepton qui en est chargé. — Escadre de la mer Noire. — Ruines de l'ancienne ville de Cherson. — Temple de Diane. — Le monastère grec de Saint-Georges.

Page 288. — La Crimée. — Sa description. — Karolès. — Le prince tartare Adhil-Bey. — Un repas à mourir de faim. — La Champagne Pouilleuse. — Ville de Bachiseraye. — Sa physionomie particulière, son palais. — Sa mosquée et ses tombeaux. — Sa population et son origine. — Cello de la Crimée. — Les prières du soir à la mosquée. — La leçon politique de Skilaros, chef suprême de Bachiseraye.

Page 295. — Le village de Tschonfort-Kalé. — Sa population juive. — La synagogue. — Leurs sépultures.

Page 298. — Le monastère de l'Assomption. — Sabli, maison de campagne de madame de Laval. — Une fille de M. de Serre, chimiste français. — Simphéropol, capitale de la Tauride. — M. Kosnachicheff, son gouverneur. — Un puits artésien. — Procédés pour le forer. — Logement chez M. le comte Woronzow.

Page 504. — Kinbourn. — Son propriétaire, M. Perowski. — Sa bonne réception. — La forêt de Hylée, où périt Anacharsis. — Le mont Tschatrodagh.

Page 508. Bouyouklampat. — Le général Borosdine. — Son vin de Champagne. — L'arbre extraordinaire. — Oursouff, ancienne maison de campagne du duc de Richelieu. — Prospérité du pays.

Page 514. — Saint-Daniel, propriété vignoble. — Son propriétaire, le comte de Woronzow. — Culture des vignes. — Mikita. — Le jardin botanique de l'empereur. — Son directeur. — Massandra

SOMMAIRE.

autre propriété du comte. — Un mariage grec. — Yalta, ville de commerce.

Page 517. — Aloupka, résidence du comte Woronzow. — Sa carrière de marbre. — Soirées agréables. — La plantation d'oliviers.

Page 522. — Orianda. — Propriété du comte de Witt. — Ses réunions. — Une fête.

Page 524. — Soudac, pays vignoble. — Ses caves remarquables. — Mademoiselle Jacquemart. — Son assassin.

Page 526. — Théodosie, ville. — A qui elle doit son nom. — La croisade de Clément VI. — Mahomet II en fit la conquête. — Son lazaret. — Un Français, M. Clery. — Kertch, ville. — Tombeaux et antiquités. — Mithridate. — L'exportation des grains. — Mesures sanitaires ordonnées par le comte de Woronzow. — Pêche maritime. — Carrière de pierres. — Le gouverneur Cherchudalise. — Ses fêtes. — La musique cosaque. — Fouilles dans les tumulus. — Le musée.

Page 538. — L'île de Taman. — Ses bons chevaux. — Déjeuner chez la veuve d'un colonel cosaque. — Les exercices d'équitation.

Page 543. — Le port de Brigonski. — Bénédiction des travaux. — La colonie des Cosaques de la mer d'Azoff. — Le comte Maison. — Sa colonie de Tartares. — Leurs mœurs. Celles des Mennonistes. — Le marin Cornis et sa famille. — Sa fortune rapide. — Les Duchoborgs. — Leur culte. — La bergerie du prince d'Anhalt. — Renseignements donnés par le maréchal Koulikoski.

Page 562. — Sark. — Ses bains de boues. — Kosloff, ville. — La députation juive.

Page 465. — La mosquée et la synagogue. — Le troupeau appelé astrakan. — Le procédé pour la préparation des peaux. — Une surprise agréable. — Départ pour Constantinople.

Page 375. — Notes sur la Hongrie. — Lois principales de la Hongrie. Manière de posséder en Hongrie. — De la manière de posséder particulière aux paysans. — Organisation des tribunaux, et manière dont la justice est rendue. — Justice criminelle. — Administration. — Population divisée par race et par religion.

TOME SECOND.

Page 5. — Canal de Kosloff. — Le Bosphore. — Buyuk-déré. — Le château d'Europe et celui d'Asie. — Palais de Reifenbey-Stavros. La mer de Marmara. — Constantinople. — Sa population misérable. — Incendies fréquents. — La mosquée d'Ayoub. — La promenade des eaux douces d'Europe. — Société qui la compose. — Une sœur du sultan. — La tour de Galata. — Le baron de Sturmer et l'amiral Roussin. — La platane de Godefroi de Bouillon. — Le réservoir Validé. — Déjeuner au village de Belgrad. — Le palais de la Porte. Le sérail. — Le bâtiment de la monnaie. — Altération de l'or. — La sentinelle. Le jardin du trésorier. — La place de l'Hyppodrôme. — La citerne des trente-deux colonnes. — Marché des esclaves. Halil-Pacha. — La demande en grâce pour une négresse. — Le palais du séraskier. — La maison des aliénés. — Révolte et destruction des janissaires en 1820. — Le tombeau de Constantin.

Page 59. — Le vendredi, à la mosquée. — Scutari. — Les quartiers des morts. — L'ancienne ville de Chalcédoine. — Une maison de campagne du sultan. — L'anniversaire de la naissance de Mahomet. — Fêtes y relatives. — Château des Sept-Tours. — Le tombeau de Mustapha-Bairactar. — L'hôpital des pestiférés. — La porte de Sylvestre. — L'exposition des têtes. — La porte des Canons.

Page 56. — Un bal chez la baronne Sturmer. — Le camp russe en 1833. — Entretien avec le séraskier Cosrew. — Un mot sur le rôle qu'il a joué. — Achmet-Pacha commandant en chef de la garde. — Position du soldat turc. — Une revue. — Organisation des troupes. — L'eunuque Reschid-Pacha. — Achmet-Pacha. Ce qu'il était, et ce qu'il est.

Page 72. — Le grand-visir. — Le reis-effendi. — L'arsenal maritime. — Cinq cents coups de bâton pour donner de l'intelligence aux marins. — Visite de Namûk-Pacha. — La réunion des pachas. — Le cabinet de purification. — Une audience chez le sultan. — L'école de la garde. — Mosquée de Sainte-Sophie. — Mosquée du sultan Achmet. — Les derviches tourneurs. — De l'organisation intérieure de Constantinople.

TABLE SOMMAIRE.

ASIE-MINEURE. — SYRIE.

Page 137. Départ de Constantinople. — Débarquement à Moudiana. — Le mont Olympe. — La rivière de l'Aser. — La ville de Broussa. — Ses mosquées et la beauté de leurs dômes. — Ses fabriques d'étoffes de soie. — La culture du mûrier.

Page 143. Composition de la population de Broussa. — Les bazars. — Ses eaux minérales. — Ses bains. — Le village de Chirchle. — Les tombeaux des premiers sultans. — La dynastie des seljoucides en 1057. — Gengis-Kan, ravage l'Asie en 1200. — Prédictions faites à Ortogul, chef des Tartares. — Un triomphe et les cérémonies funèbres.

Page 151. Voyage au mont Olympe. — Le camp des Turcomans. — Leurs qualités et leurs vices.

Page 156. Iles des Princes. — L'île de Halski. — Deux monastères. — École de marine.

Page 160. Passage aux Dardanelles. — Le docteur Song. — Les ruines de Slaygue. — Embouchure du Granique. — Le temple du Dieu des jardins. — Les châteaux des Dardanelles. — Leurs défenses sur le canal. — Les boulets de marbre. — La batterie de Koukalé.

Page 167. Canal de l'Hellespont. — Xercès. — Son armée. — Expédition d'Alexandre. — Le consul de France aux Dardanelles. — Réception chez Méhémet-Pacha. — L'aga de Koukalé. — La plaine de Troie. — Les tombeaux d'Achille et de Patrocle; — d'Antiloque. — Les ruines du temple de Minerve. — Les fleuves Scamandre et Simois. — Description du camp des Grecs. — Le cheval de bois. — Le tombeau d'Hector. — Les ruines antiques. — Le temple d'Apollon. — Bournabachi. — Ses hôtes incommodes.

Page 175. Une visite aux ruines d'Alexandria-Troas. — La source d'eau thermale. — Ses bains. — La valonée, sa culture et son usage. — Un mot sur l'île de Ténédos et l'ancienne Lesbos.

Page 180. Smyrne, fondé par une Amazone. — Souvenirs d'Homère. — Établissement de Smyrne par Alexandre. — Ce qu'elle était sous Auguste. — Smyrne aux XIe et XIIIe siècles. — En 1402 Tamerlan s'en empare. — Plus tard Mahomet I. — Aujourd'hui place de commerce de l'empire ottoman. — Sa population. — Les femmes grecques. — Leur beauté et leurs usages. — Le Mélis. — La pièce d'eau, dite Bain de Diane. — La fontaine du pacha. — Le château bâti par Alexandre.—Le buste de la fondatrice de Smyrne. — Les eaux de Clazomène. —

Page 104. Le village de Sédiceuil et ses environs. — L'hospitalité chez un médecin grec. — Bouroaba. — La grotte d'Homère. — Son sarcophage. — Le ruisseau d'Achélaus. — Magnésie. — Le lac de Tantale. — Déjeuner sur le bord du lac. — Le camp des Turcomans, les plaines de Sédiceuil et leur fertilité. — L'exportation et l'importation du port de Smyrne. —Modes du droit d'impôt. —

Page 210. Scio. — Le colonel Fabvier, 1826. — Massacres des Grecs par les Turcs. — Le nectar, vin de César. — Persécution des Grecs par les Turcs. — La culture du lentisque. — L'escadre turque en 1824. —

Page 219. Les ruines d'Éphèse. — Le temple de Diane. — Le sanctuaire taillé dans un rocher. — Un château de construction grecque. — Le massacre des Romains par Mithridate. — Alexandre rétablit la démocratie. — Les pêcheurs du Caïstro. —

Page 231. L'île de Samos. — Le temple de Junon. — Cora. — Les cavernes des montagnes. — Temples et palais décorés par la nature. — Pythagore a reçu le jour à Samos. — Ses vins et ses raisins; leur préparation.

Page 238. La ville de Milet. — Ses ruines. — La destruction des temples par Constantin.—Ses carrières de marbre blanc.—Les habitants des ruines. — L'île de Cos, patrie d'Hippocrate. — La côte de Gnide.

Page 245. Rhodes. — La rue des chevaliers. — Les armes des Clermont-Tonnerre. — Statues. — Établissement des Vénitiens en 1203. — Le pape Nicolas IV et Philippe-le-Bel, en 1308. — Les siéges de 1480 et 1520. — La capitulation. — Les environs de Rhodes. — La pêche aux éponges.

Page 259. Béryte, colonie romaine sous Auguste. — Bayruth. — Le consul de France. — Méhémet-Ali. — Sa popularité. — Les sables mouvants. — La chaîne du Liban. — Sa population, les Ansariés, les Druses et les Maronites. — Amurath III. — Mort de Fakhr-Eddyn. — L'émir Beschir. — La religion. — L'adoration d'une statue. — une clémence de l'émir.

Page 277. Saint-George, vainqueur du dragon. — Le déjeuner au couvent de Marmousset. — L'hospitalité des moines.

Page 785. Le son des cloches. — Le pic de Sannin. —

SOMMAIRE.

Page 788. Rachua, village. — résidence d'un évêque. — Mine de charbon de terre. — Ruines de Balbek. — Tarelta. — Sa population. — Son cimetière.

Page 294. La Cœlé-Syrie. — La vallée d'Amamera. — La population nomade. — Le mont du Cheick. — Campement.

Page 297. Les temples de Balbek. Leur description. — Le temple du soleil.

Page 313. La rivière de Sargaya. — Le bassin de l'Euphrate et le golfe Persique. — Le village de Zabdam.

Page 319. Damas. — Ses monuments publics. — Le désarmement de la population. — L'hospitalité chez les religieux de Saint-Lazare. — Les pères Poisson et Teste. — L'impôt de capitation. — La protection de Méhémet-Ali. — L'agent consulaire de France.

Page 325. Le gouverneur de la Syrie à Damas. — Les troupes égyptiennes. — La revue. — Chérif-Pacha. — Les Européens. — Mode d'élection pour la troupe.

Page 329. Opérations de l'armée Égyptienne en 1832. — Le siège de Saint-Jean d'Acre. — La retraite des Turcs. — Attaque de l'armée Turque. — Repos des troupes égyptiennes. — Mouvement de l'armée. — Le bivouac du grand-visir. — Il est fait prisonnier. — L'infanterie turque met bas les armes. — Bataille de Koniéh. — Égards d'Ibrahim pour le grand-visir. — Fin de la campagne.

Page 364. Pièces relatives à l'histoire politique de la Turquie en 1807.

TOME TROISIÈME.

SYRIE.

Page 5. La route de Jérusalem. — La vision miraculeuse de saint Paul. — Les troupes de chacals. — Horan. — L'ancienne ville de Suète. — La plaine des rochers. — Matières volcaniques.

Page 7. Le Jourdain. — La forteresse Panias. — Le kan du pont de Jacob, bâti sous Baudouin IV. — Les templiers. — Les vallées. — Abraham. — Jonathas, Machabées. — Démétrius-Nicator. — Baudouin II, roi de Jérusalem. — Baudouin III. — Baudouin IV, vaincu par Saladin. — Désastre de Tibériade. — Chute du royaume de Jérusalem. — Le pont du Jourdain.

Page 12. Les tribus de Nephthali et de Manassés. — Le puits de Joseph. — Le régiment de Méhémet-Ali. — La mer de Galilée. — Tibériade. — La lutte des croisés. — Le général Bonaparte en 1799. — La pêche miraculeuse de saint Pierre. — M. le comte d'Estourmel. — Safad, petite ville. — Les Juifs et le Messie. — Les eaux thermales. — Établissement de bains.

Page 19. Le Mont-Thabor. — Le village de Cana. — Nazareth. Les moines de la Terre-Sainte. — Leur hospitalité. La visite dans l'intérieur du couvent. — La table de Notre-Seigneur. — Le général Junot au siége de Saint-Jean-d'Acre. — La plaine d'Esdrelon.

Page 29. Le village de Jenni. — Naplouse. — Ses femmes voilées. — Samarie, ancienne capitale du royaume d'Israël. — Les rues de Naplouse. — Le monument vivant. — Le frère de Moïse.

Page 55. La ville sainte. — Ses richesses. — Le tombeau de Samuel. — La porte de Damas. — La peste au monastère. — Le tremblement de terre. — Dispute des Latins et des Grecs. — Le père Camille, franciscain. — L'église du Saint-Sépulcre. — Le Calvaire. — La vision miraculeuse de sainte Hélène. — Le lieu des supplices de Jésus-Christ. — Les restes de Godefroi de Bouillon et de son frère. — L'épée de Godefroi. — La porte de Jaffa. — La fontaine de Siloé et la vallée de Josaphat. — La montagne de l'Ascension. —

Les tombeaux d'Absalon, de Josaphat et de Zacharie. — Le lit du Cédron. — Le village de Béthanie. — La grotte du miracle. — Le jardin des Oliviers. — La grotte de Gethsémani. — L'église souterraine. — Les ruines du palais de Pilate. — Une mosquée. — Flagellation de Jésus-Christ. — Sainte Véronique. — La grotte de Jérémie. — Le sépulcre des rois.

Page 56. Bethléem, lieu de naissance du Sauveur. Sa population. — Saint Jérôme. La Sainte Vierge avant sa fuite en Égypte. — La vertu d'une terre. — Le puits des rois. — Les fêtes de Noël. — Le couvent de Saint-Jean. — David et Goliath. — Le tombeau des Macchabées. — Le monastère grec de Sainte-Croix. — Le brigandage. — Exécution de ses auteurs.

Page 67. La mer Morte. — Chaînes des montagnes de la Judée. — Les ruines du couvent de Gariath. — Le lac Asphaltite. — Description des eaux de la mer. — Jéricho. — La fontaine d'Élisée. — Mont de la Quarantaine.

Page 79. Jérusalem. — Une visite à Ibrahim-Pacha. — Sa réception. — Son physique. — Conversation sur Napoléon. — Son gouvernement. — Sa politique.

Page 90. Jérémie. — Ruines de Modin. — Aboghos, chef de brigands. — Rama, bourg. — Les machines hydrauliques. — La halte aux pèlerins. — Jaffa. — Ses puits. — Ses chameaux et ses dromadaires. — La famille hospitalière. — La chambre à coucher de M. de Lamartine. — Ses hôtes. — L'attaque de l'armée française en 1798.

Page 97. Saint-Jean-d'Acre. — Caïffa. — La rivière de Coppa. — Fortification. — Djezzar-Pacha. — L'ingénieur italien. — Le siège. — La brèche de l'artillerie française. — La peste. — Le siège, par Ibrahim-Pacha. — L'ingénieur napolitain.

Page 108. Mont-Carmel. — Son couvent. — Hospitalité. — Asile du prophète Élie. — Vision de la Vierge. — Le désert.

Page 117. Alexandrie. — La formation du Delta. — Un palais du pacha pour purger la quarantaine. — Une entrevue avec Méhémet-Ali. — Son portrait. — Ses mœurs. — M. Boghos.

Page 135. Les deux forts. — Celui du Phare. — L'arsenal de la marine. — L'hôpital. — Un bazar. — MM. de Cérisi et Bessón, anciens officiers de la marine française. — Un triste souvenir. — Le général Cafarelli-Dufalgua, commandant du génie (Français). —

La porte Rosette en 1798. — Les aiguilles de Cléopâtre. — Le temple de Neptune.

Page 144. Le canal d'Alexandrie. — Communication d'Alexandrie et du Nil. — Fonction de surveillance. — M. Le Père, ingénieur en chef.

Page 150. Le lac Maréotis. — Immense jardin du pacha. — Son joli site. — Salines. — La communication coupée. — Point de défense d'Alexandrie. — Le bain de Cléopâtre. — Avantage qu'on aurait pour la défense maritime.

Page 160. La colonne de Pompée. — Sa description. — Son origine.

Page 166. Syrie. — Situation politique et commerciale. — Une conversation avec le pacha.

Page 171. Une visite à l'arsenal et à l'escadre. — Ce qu'ils étaient en 1828 et 1834. — M. de Cérisi et Méhémet-Ali. — L'intelligence et le caractère des Arabes.

Page 178. Marine. — Sa position. — Sa force navale. — L'amiral Moutouche-Pacha. — Le Français Besson, vice-amiral. Son histoire. — Sévérité du pacha. — Une justice faite à soi-même. Une visite à bord du *Saint-Jean-d'Acre*. — Force de l'escadre.

Page 188. Aboukir. — Sa position. — Ses localités. — Le commandant Godard. — Système de fortification. — La rade. — Le combat naval. — Le camp de Kauka. — Le général Bonaparte. — Le canal Madiéh. — Champ de bataille en 1800. — Un mot sur cette campagne.

Page 210. Résidence du pacha. — Le harem. — Ses réceptions. — Les consuls généraux. — Les négociants européens. — Les fêtes magnifiques. — Mœurs des femmes.

Page 224. Route d'Alexandrie au Caire. — Le village de l'Atféh. Les autorités. — Foueh, ville du Delta. — Construction des maisons. — La coiffure des Orientaux. — Leur confection. — Fabrique et filature de François Joumel. — Dépouillement du riz au moyen de la vapeur. — Bachmaniéh. — Ouvrage de fortification. — Le repas et la danse des Arabes. — L'arbre palmier. — Les Fellahs, leur habitation. — Les récoltes. — Le magnifique village du Chebrérys. — Lieu de rencontre du général Bonaparte avec les mameloucks. — Combat naval. Monge et Berthollet, hommes célèbres. — Les ruines de l'ancienne Saïs. — Le Nil. — Sa belle navigation. — L'Européen Omar.

Page 244. Le barrage du Nil. — Les travaux du Delta. — Les machi-

SOMMAIRE.

nes hydrauliques mues par des bœufs. — Les conditions du problème à résoudre.

Page 259. Le Caire. — La maison de Soliman-Pacha. — Sa naissance. — Ses services militaires comme Français. — Méhémet-Ali forme des troupes régulières. — Le palais sur le bord du Nil. — L'école polytechnique. — Les bazars. — Boulaq. — La citadelle. — L'incendie de 1467. — Les mosquées.

Page 280. La révolte de 1800. — Le mont Moqattam. — La fonderie de canons. — Le laminoir pour la marine. — Les manufactures d'armes portatives. — Eteim-Bey. — École d'artillerie. — Les élèves de marine. — École de cavalerie sous les ordres de M. Varin, ancien aide-de-camp du maréchal Gouvion Saint-Cyr.

Page 290. Formation de l'armée. — Le bataillon modèle. — Les régiments d'instruction. — La belle brigade d'infanterie.

Page 297. Industrie. — Manufactures de draps. — Machines admirables pour faire les cordes. — Fonderies de métaux. — La manufacture des poudres située dans l'île de Roudah. — L'industrie de M. Haim, chimiste français.

Page 304. Écoles civiles. — Établissement d'Abou-Zabel. — M. Clot, officier de santé, Français. — L'hôpital. — Le jardin botanique. — Le cours d'accouchement. — L'école vétérinaire, dirigée par M. Hammon, de l'école d'Alfort. — Le haras de Choubra. — Les écoles primaires gratuites.

Page 313. Le camp de Kauka en 1798. — Les danses voluptueuses des Almées. — Les villes de Pithon et Ramassès, bâties par Pharaon.

Page 318. Choubra. — Son palais. — Ses jardins et ses kiosques. — L'éclairage au gaz. — Les femmes du pacha Batélières.

Page 325. Gouvernement. — Ligne télégraphique. — La poste à pied. — Habil-Effendi, ministre de l'intérieur. — Kontchiou-bey de la guerre. — Moutouche, pacha de la marine. — Fabriques à l'instar de France et d'Angleterre. — Administration. Cinq grands gouvernements. — La haute et basse justice. — Rapports établis entre le pacha et les habitants.

Page 345. Agriculture. — Les trèfles. — Les blés. — Culture du riz. — Coton. — Indigos. — Le mékias de Roudah. — Description du Nil.

Page 361. Les saint-simoniens au Caire. — Le père Enfantin. — MM. Linan et Lambert, saint-simonien au service du pacha.

Page 570. Materiéh. — Plaine de la Quubbah. — L'Obélisque. — Aiguilles de Cléopâtre. — Le sycomore, arbre de Jésus et de Marie. — Un souvenir de l'armée française. — Le général Kléber. — Le champ de bataille de l'armée d'Orient. — La pêche du soldat gascon. — La caravane de dromadaire.

Page 584. Documents historiques sur l'expédition d'Égypte.

TOME QUATRIÈME.

Page 5. Moyenne et Haute-Égypte. — Les compagnons de voyage. — Jussuf Kischef, soldat français. — Moyens de transport. — Vivres pour la route.

Page 6. Les pyramides de Ghizéh. — Leur description. — Paroles de Napoléon, le nom inscrit en 1798. — Les chambres sépulcrales. — Le sarcophage. — Les ossements d'un bœuf. — Belzoni. — Les petites pyramides d'Abousyr. — La ville des Morts. — Les statues de Sésostris et de Vénus.

Page 19. Le village de Bredequin. — Le Fayoum. — Le canal de Joseph. — Les eaux de rose du Fayoum. — La pyramide et le pont d'El-Haoum. — Les ruines de la ville d'Arsinoé. — Le temple Qasr-Karoun. — La chasse aux hyènes.

Page 30. Beny-Soueyf, village. — La fabrique de toile de coton. — cription du Nil dans plusieurs circonstances.

Page 37. Magara, village. — La fausse alarme. — Mode de recrutement.

Page 42. Tcharon, village. — Les ruines de l'ancienne ville Cynopolis. — La chasse aux canards. — Abougirgé. — La montagne des oiseaux. — Les pauvres moines cophtes. — La chasse aux crocodiles.

Page 47. Minieh, ville. — La culture des cannes à sucre. — Les raffineries.

Page 52. Le village de Cosseir. — Les momies d'hommes et d'animaux. — La montagne d'Afulfeda. — Mont-Falout, ville. — Le général Desaix. — Syout, ville. — L'opération. — Commerce d'esclaves. — Le palais d'Ibrahim-Pacha. — L'Ile d'Aoui. — Roudah. — Les dômes et les palmiers. — Kénéh, ancienne Néapolis. — Les puits artésiens. — Les vases à rafraîchir. — Said-Hussein.

Page 64. Gournah, village. — Thèbes. — Les ruines des temples et des palais. — Leur description. — Le monument d'Osymandias. — Le colosse. — Le pylône du Rhamseion. — Les ruines du Memnonion. — Les sépulcres royaux. — Louqsor. — Son palais. — Ses obélisques. — La salle hypostyle. — Les ruines de Karnak.

Page 106. Le temple d'Ebsemnibol. — Ouvrage unique de Sésostris. —

Gournah, village. — Mansour, père du cheik El-Beled. — Météorologie de l'Égypte.

Page 118. Dendérah. — Son temple et sa description. — Monuments et bas-reliefs.

Page 124. Le désert et les bords de la mer Rouge. — Les voleurs du Nil. — Les esclaves. — Les anthropophages. — Les caravanes.

Page 130. Cheyk Abadôh. — Ruines. — Oracles. — Préparatifs de voyage. — Les chameaux et les dromadaires.

Page 142. Mœurs des Arabes. — Les mines de soufre. — Les granits. Les marbres blancs. — Les belles carrières d'albâtre.

Page 162. La côte de Ghébel-Exet. — La fontaine d'huile. — La chasse aux corbeaux. — Le repas des Arabes.

Page 167. Tribu des Bédouins. — Leurs divisions. — Lois sur l'assassinat et le vol. — Procès. — Fortune des Arabes. — Leur intelligence. — Leur obligeance. — La beauté de leurs femmes.

Page 180. Le couvent de St-Paul. — Les moines. — Leur ordre. — Les voyageurs égarés. — La hyène et la gazelle.

Page 199. Le retour au Caire. — Le repas de coquillages. — Le passage périlleux. — La fatigue de l'équipage. — Soliman-Pacha.

Page 210. Projet d'un chemin de fer.

Page 226. Second séjour au Caire. — La visite au Pacha. — Une organisation nouvelle à l'armée.

Page 252. Résumé sur l'Égypte.

Page 253. Retour en Europe. — Les enfants abyssiniens. — Le capitaine circassien. — Une tempête. — L'Ile de Malte. — La quarantaine. — Visite au général Possonby. — Les fortifications. — Le diner chez le gouverneur. — Les anciens frères d'armes. — Une manœuvre. — Visite à l'arsenal de marine. — M. Freire. — Établissements philanthropiques. — L'hospice des vieillards. — Les aliénés. — Maison d'industrie et prisons.

Page 264. Note écrite par Napoléon sur l'Égypte.

Page 285. Pièces relatives à la prise de Malte.

Page 321. Notes sur le tableau d'observations physiques et météorologiques.

TABLE ALPHABÉTIQUE

DES NOMS D'HOMMES ET DE LIEUX

CITÉS DANS L'OUVRAGE.

A.

ABDALLAH-PACHA. II, 330, 551.
ABOUGIRGÉ, IV, 43.
ABOU-ZABEL, III, 303, 343.
ABDULHAMID (sultan), II, 19.
ABOGHOS (chef arabe), III, 91.
ABRAHAM, III, 10.
ABOUKIR, III, 117, 140, 188 à 209.
ABRABAUGA, I, 150.
ABYSSINIENS, II, 32.
ACHELAUS (le fleuve), II, 201.
ACHILLE, II, 171.
ACHMET (mosquée du sultan), II, 45.
ACHMET-PACHA, II, 64, 71, 72.
ACROPOLIS, II, 274.
ADANA, II, 343.
ALTENBOURG, I, 53.
ADHIL-BEY, I, 289.
AJOUB (mosquée d'), II, 10.

ALBERT de Prusse (prince), 264.
ALEP, II, 147, 358, 359.
ALEPINI (couvents), II, 283.
ALEXANDRE (l'empereur), 195, 197, 322, 349, 358.
ALEXANDRE (le Grand), II, 167, 228, 342.
ALEXANDRIE, II, 169. III, 117, 120, 124, 136, 171, 210.
ALEXANDRIA-TROAS, II, 178, 180, 181.
ALEXANDRETTE, II, 341.
ALI-PACHA, II, 51.
ALLEMAGNE, I, 7, 20.
ALLEMANDS, I, 138, 139.
ALOUPKA, I, 317.
ALOUSTA, I, 304, 306.
ANACHARSIS, I, 305.
ALPES JULIENNES, I, 116, 342.
ALUTA (la rivière), I, 135, 136, 145.
AMAMERA (tribu d'), II, 295.
AMANTON (DE DIJON), 324.
AMURATH III, II, 269.
AMURATH IV, II, 259.
ANGLETERRE, I, 7, 42, 123.
ANHALT (prince d'), I, 7, 359, 362.
ANNE (SAINTE), III, 49.
ANSARIÉS (les), II, 266.
ANTILOQUE, II, 173.
ANTOINE (SAINT), II, 282.
ANTONIN-LE-PIEUX, II, 299.
ANTONINI, fabricant, IV, 51.
APATY (château d'), I, 33, 34.
APOLLON, II, 175, 231.

ALPHABÉTIQUE.

Apout (lac d'), 333.
Arabes (mœurs des), IV, 142 à 144.
Arad, I, 74.
Aranjosch (la rivière), I, 156.
Arartschejeff (le général), I, 196.
Arkangel, 358.
Argonautes (les), II, 161.
Armée égytienne (organisation de l'), IV, 227.
Arméniens, I, 137.
Arnautes, II, 346, 347.
Arpats (la dynastie des), I, 39.
Ascanius, II, 138.
Asie, I, 111, 339. II, 7.
Asie-Mineure, II, 135, 152.
Ass-éalout, II, 223, 227, 230.
Astrakan, 327, 348, 368.
Atmeïdan (place de l'), II, 46.
Autriche, I, 4, 8, 15, 17, 76, 80, 106, 107, 115, 120, 164, 195.
Autrichiens, I, 118. II, 103.
Aveugles (ville des). Voyez Chacédoine.
Azoff (mer d'), 331, 339, 344, 348, 362, 363.

B.

Babolna (haras de), I, 8, 10, 11, 14, 68.
Bachapoucon (porte des jardins ou), II, 18.
Bachiseraye, II, 289, 290, 295.
Bachigoug (aqueduc de), II, 15.
Baffi (négociant), III, 239.
Bahyreh (frégate la), IV, 255.

Bakongi (général), I, 19.
Balbeck, II, 264, 277, 288, 293, 296, 298, 308, 333.
Balkan (mont), I, 142.
Baltique (mer), II, 284.
Bamburi (lieutenant), IV. 247, 249.
Banat (le), II, 1, 66.
Balaton (lac), I, 1, 35.
Barnabou (cap), II, 210.
Barrault (M.), III, 362.
Batus (interprète), III, 169.
Baumgartner (le professeur), I, 3.
Baudouin (le roi), II, 259. III, 8.
Bayruth, II, 258, 260, 263, 278, 280.
Becharre (mont), II, 296.
Bedreqin, IV, 19.
Bedouins, II, 294, 345.
Belgrad, II, 15.
Belzoni (savant), IV, 15.
Bender, IV, 172.
Berlin, IV, 272.
Berthier (maréchal), II, 367, 372, 391.
Beschir (émir), II, 271, 274.
Bessarabie, I, 142, 170, 177.
Besson-Bey, III, 139, 181, 185, 326.
Bethléem, III, 64.
Bethlen-Gabor, I, 126, 162.
Beylan, II, 344.
Beilonbey-Stavros (palais de), II, 6, 76.
Biber, I, 10.
Bismarck, I, 144.
Bistritz (la rivière), I, 162.

ALPHABÉTIQUE.

Bithynie, II, 137.
Boghos-Bey, II, 131 à 134.
Bon (général), III, 375.
Bonaparte (Général), III, 45, 102, 140, 192, 272, 385.
Borosdine (général), I, 308, 314.
Bogaz (détroit du), II, 251.
Blagodalna, I, 259.
Bosmakoff (maréchal), I, 288.
Bosphore, I, 282, 326, 329, 345. II, 4, 5, 355.
Bougia, II, 199.
Boulaq, III, 274, 296.
Bourges, I, 277.
Bournabachi, II, 172, 176, 178.
Bouyouklampat, I, 308.
Brasilisi (monts), I. 76.
Broussa, II, 139, 141, 143, 156, 286.
Brazza (le comte de), I, 3. IV, 3, 127.
Brégenski, I, 345, 346,
Bucovine (la), I, 10, 135, 162, 165.
Bude, II, 20, 28, 39, 40.
Bug (fleuve du), I, 191, 196, 198, 229, 236, 265.
Bulgarie, I, 142.
Burnn (voyageur), II, 278. IV, 3.
Buyuck-Déré, II, 4, 6, 13, 15.

C.

Caffa, 286, 326.
Caffarelli (général), III, 144.
Caïffa, III, 103.

CAFARELLI-DUFALGA (général), IV, 246.
CAIRE, III, 221, 259, 269, 278. IV, 225, 226, 227.
CAÏSTRO, II, 224, 230.
CANARIS, II, 216.
CARAITES (juifs), I, 296.
CARAVANES, IV, 128.
CARINTHIE, I, 10.
CARLSBOURG, I, 147, 149, 152, 154.
CARMEL (Mont), III, 24, 109.
CASPIENNE (Mer), 327, 340.
CATHERINE II, 195, 231, 269, 272, 340.
CAUCASE (mont), 340, 344. II, 146.
CÉDRON (torrent du), 297. III, 51.
CERISY (M. de), III, 138, 173, 178, 301.
CÉLESTINE (La), 158, 159.
CHALCÉDOINE, II, 7, 43.
CHALET (consul de France), II, 193.
CHALONS, I, 289.
CHAM, I, 32.
CHAMPAGNE, 289, 304.
CHAMPOLLION (savant), III, 165, 235. IV. 56, 70, 83, 75, 117, 120.
CHARLES VI, I, 147.
CHARKOFF, 197.
CHARLES XII, 172.
CHARBONNEL (colonel), II, 52.
CHATEAUBRIAND (M. de), III, 55, 78, 83.
CHATILLON, I, 19.
CHECHEZDALISE (prince), I, 336.
CHEBRÊRYS, III, 232, 233.
CHEMIN DE FER, IV, 211 à 222.

Chemnitz, I, 47, 50.
Cherif-Pacha, II, 521.
Cherson, 177, 197, 285.
Cheyf-Abadeh, IV, 130.
Circassie, 330, 343.
Chostay (Mont), 170.
Choiseul (comtesse de), I, 274
Choubra (haras de), III, 318.
Clary (M.), I, 328.
Clausenbourg, I, 157, 160, 161.
Cleopatre, III, 156. IV, 119.
Clot-Bey, III, 306, 309.
Cobourg (prince de), I, 233.
Colombe (port), II, 234.
Comorn, I, 15, 18, 19.
Concailès, II, 39.
Considaine (colonel), IV, 247, 248.
Constantin (colonne de), II, 29.
Constantin (palais de), II, 53.
Constantinople, I, 4, 117, 327. II, 3, 7, 8, 9, 18, 41, 55, 84, 119, 129, 137, 353.
Corfou, II, 51.
Corne-d'Or, II, 7.
Cosrew-Pacha, II, 31, 58, 61.
Cos, II, 243.
Coelé-Syrie, II, 292, 294, 312.
Cosaques, I, 339, 340, 343.
Couban (le), 339, 340.
Coumani, 277
Cretin (colonel), III, 139.
Crimée, 178, 180, 269, 285, 288, 318, 326.

CROATES, I, 103.
CROCODILES, IV, 140.
CROÏ (maison de), I, 32.
CRONSTAD (port de), I, 283, 285.
CSONGRAD, I, 62, 66.
CYANÉES (îles), II, 58.
CYNOPOLIS, IV, 42.
CZERNOWITZ, 165.

D.

DACIE, I, 120, 124.
DALMATIE, II, 50.
DAMAS, II, 277, 311, 316, 317, 323, 334. III, 4.
DANDOLO (le doge), II, 43, 54.
DANIEL (Saint), II, 314.
DANUBE (fleuve), I, 15, 16, 27, 63, 112, 113, 115, 117, 118, 124, 131, 135.
DARCET (chimiste), I, 48, 149.
DARDANELLES (détroit des), I, 283. II, 120, 159, 164, 165, 169.
DAVID, III, 54.
DÉIR-EL-KAMAR, II, 274, 275.
DELAWARE (la), II, 279.
DELTA, I, 66.
DENDÉRAH, IV, 115.
D'ESTOURMEL (comte), III, 16.
DÉRÉ-KEGYAGZA, I, 66, 67.
DÈS, I, 161.
DESAIX (général), III, 139, 275. IV, 12, 55.
DÉSERT (le), IV, 159, 150 à 162.

Deva, I, 126, 130, 131, 133, 144.
Diane, II, 220.
Dnièper (le fleuve), II, 196, 265, 271.
Diarbekir (le), II, 543.
Dniester (fleuve), II, 164, 172, 174.
Dobrenka, II, 241, 242.
Documents historiques, II, 261.
Dorpat, III, 268.
Doura, II, 280.
Drave (rivière la), I, 64.
Dresde, I, 250.
Druses (les), II, 266, 267, 269, 271, 280.
Duchoborgs (les), II, 357.

E.

Eaux douces d'Europe, II, 10.
— — d'Asie, II, 11.
Ébron (vallée d'), III, 10.
Égée (mer), II, 165.
Égypte, I, 4, 116. III, 166 à 170, 242, 544, 383.
Égyptiens, I, 329.
Élisabeth (fort), I, 118, 195.
Ékaterinoslaw, I, 177, 251, 264.
Élisée (prophète), III, 75, 76.
Elyas (Arabe), II, 314.
Empereur (source de), I, 121.
Enfantin (le père), III, 362.
Enget, I, 155.
Éphèse, II, 219, 227, 230.

ERZEROUM, II, 343.
ÉREKLI, II, 344, 345.
ESKISTAMBUL, II, 178.
ESPAGNE, I, 58.
ESTERHAZY (prince), I, 30, 32.
ETEIM-BEY, III, 283, 326.
ÉTIENNE (saint), I, 39.
EUGÈNE DE SAVOIE (prince), I, 103.
EUPATORIE, I, 366.
EUPHRATE (fleuve), II, 312.
EUROPE, I, 5, 31.
EZEMISOSKI (général), I, 260.

F.

FABVIER (colonel), II, 211.
FAKHR-EDYN, II, 259, 270.
FAUSTINE (impératrice), II, 299.
FAYOUM, IV, 20.
FECHTIG (comte), I, 38.
FERDINAND (empereur), I, 52, 146.
FESTETICH (comte), I, 35, 36.
FINLANDE, I, 358.
FIUME, I, 116.
FORCHTENSTEIN (fort de), I, 30.
FOUEH, III, 224.
FOURCROY (savant), 299.
FRANCE, I, 7, 42, 105. II, 103.
FRANÇOIS-DEUX (empereur), I, 51, 108.
FRONTIGNAN, 312.
FURED (eaux minérales de), I, 37.

G.

GAGARIN (prince), I, 314.
GALATA, II, 6, 12, 41, 55.
GALLICIE, I, 4, 134, 135, 142, 164.
GALITZIN (prince), I, 274, 288, 319.
GEMLIK, II, 138.
GÊNES, II, 314, 525.
GÉNOIS, II, 325.
GENGIS-KHAN, 293, 348. II, 147.
GEORGES (Saint), 285. II, 278.
GÉORGIE, 341.
GHEBEL-EZET (côte de), IV, 163, 164, 165, 166.
GHIO, II, 138.
CHIZEH, IV, 17.
GIRGENTI, II, 220.
GNYDE, II, 243.
GODEFROY DE BOUILLON, II, 14.
GOUVION SAINT-CYR (maréchal), III, 288.
GRAN, I, 42, 43, 44, 45.
GROBERT (colonel), III, 389.
GROCHOW, 260.
GROUCHY (maréchal), III, 267.
GUIS (consul), II, 261.
GUNS (la), I, 33,

H.

HAIM (chimiste), III, 301.
HALIL-PACHA, II, 31, 41, 82.
HALSKI, II, 157.

Halis (esclave), IV, 127.
Hammon (vétérinaire), III, 310.
Hartzeg, I, 125, 129.
Hartwitz (officier), I, 314.
Hector, II, 171, 174.
Hélène (Sainte), III, 58.
Hélène, 251.
Hellespont, II, 167.
Héliopolis, II, 298. III, 370.
Hémus (l'), II, 203.
Hérodote, II, 231, 232, 299.
Herbert (major), I, 13.
Hermanstatt, I, 142, 145, 147, 158.
Herngrand, I, 48, 50.
Herodote, III, 353. IV, 17, 124.
Homère, II, 171.
Homs, II, 334, 335, 338.
Hongrie, I, 4, 5, 7, 8, 20, 21, 22, 23, 25, 26, 40, 43, 58, 64, 65, 76, 81, 115, 126, 365.
Hongrois, I, 158.
Hunyades, I, 126, 155.
Hussein-Bey, II, 332.
Hylée, 305.
Hyppocrate, II, 243.

I.

Ibrahim-Pacha. II, 331, 334, 341, 342, 345, 348, 357. III, 79, 80, 81, 104. IV, 25.
Iconium, II, 147.
Iliska, 170.

Illyrie, I, 78, 112.
Inde, I, 327.
Iran, II, 146.
Isaïe, II, 283.
Issaverdus (M.), II, 202.
Issus, II, 342.
Isasvaras, I, 144, 145.
Italie, I, 7, 116.

J.

Jacoboni, I, 165.
Jaconfott (général), I, 260.
Jaffa, III, 90, 93, 94, 95.
Jacquemart (Mlle), 325.
Janina, II, 52.
Jassa, III, 5.
Jean (archiduc), I, 8.
Jenikale, 345.
Jenni, III, 29.
Jérémie, III, 53, 91.
Jéricho, III, 67.
Jérusalem, III, 4, 35, 56, 79.
Jesèreg, I, 150.
Jésus-Christ, III, 40, 59.
John-Nepton (ingénieur), 282.
Josaphat (vallée de), 297.
Joseph II (empereur), I, 48, 54, 105, 106, 107, 109.
Joseph (Puits de), III, 13.
Joumel (fabricant), III, 227, 327.
Jourdain (fleuve du), III, 5, 7, 12, 73.
Jousiska, 160.

Junot (général), III, 24.
Jussuf-Kiachef, IV, 3.
Justinien, II, 85.

K.

Kaisarich, II, 345.
Kalarask, 170, 172.
Kamschatka, I, 142,
Kane-Kens, II, 175.
Karansebès, I, 78, 100, 110, 112, 118, 122, 124.
Karolès, 289.
Karoli (comte), I, 66.
Karaman, II, 344.
Karkan, II, 345.
Karpathes, I, 42, 45, 48, 74, 105, 106, 112, 134, 162.
Kauka, III, 313.
Karnack, IV, 66, 101.
Keskemet, I, 61, 63.
Kénéh, IV, 59, 115.
Kenieh, II, 345, 352.
Kerman, II, 146.
Kertch, II, 286, 328, 330, 344, 368.
Keszthely (château de), I, 35, 36.
Kilbourn, I, 304.
Kinbourn, I, 234, 271, 273.
Kirchenew, I, 172, 262.
Kisseloff (comtesse), I, 243.
Kléber (général), II, 45. III, 373, 399.
Knom, 268.

ALPHABÉTIQUE.

Kock, IV, 3, 127.
Konièh, II, 344, 345, 346, 355.
Konriks, 320.
Konstatinowka, I, 238.
Korès (général), I, 230.
Kordofan, IV, 127, 128.
Kosloff, 295, 365, 366, 369. II, 3.
Kosnachicheff (gouverneur), I, 301.
Koukalé, II, 165, 170, 172.
Kouliskouski (maréchal), I, 360, 361.
Kousrow (capitaine), IV, 241.
Koutchiou-Bey, 43, 325.
Kramoï, I, 365.
Kutahièh, II, 355.
Kutchuk-Hussein, II, 60.

L.

Ladick, II, 350.
Lancaster (méthode de), II, 83.
Lambert (M.), III, 362, 363, 368.
Lapi (interprète), IV, 3.
Lascy (maréchal), I, 103, 106.
Latour-Maubourg (général), I, 259.
Lausel (général), I, 260.
Laussoy (M.), 325.
Laval (comte), 299.
Leake (comte), III, 163.
Lechevallier (voyageur), II, 172.
Leclerc (chef de bataillon), II, 374, 377.
Lengyeltoli, I, 38.

Lepère (ingénieur), III, 146. IV, 214, 215.
Leucon, 326.
Levis (maison de), I, 52.
Leytha, I, 20.
Liban (le), II, 264, 276, 277, 284, 289, 313.
Libanès, II, 282.
Ligne (prince de), 309.
Liman, 265.
Linan (ingénieur), III, 250, 368.
Lipitza (haras de), I, 73.
Lipkaut, 170.
Liqul (rivière), I, 205.
Lisagara, 239.
Lois de la Hongrie, 379.
Lombardie, I, 73.
Lompot (rivière), I, 149.
Loretta (consul), II, 264, 278.
Loughos, I, 78.
Louqsor, IV, 91, 125.
Lusignan, III, 9.

M.

Maazes (tribu des), IV, 56, 167 à 168.
Macdonald (maréchal), I, 8.
Madjak, I, 131.
Magara, IV, 37.
Magnésie, II, 201.
Mahmoud (sultan), II, 17, 91, 345.
Mahomet, II, 327. II, 250.
Maison (comte de), II, 349, 350.

Marasch, II, 343.
Malte, II, 276. IV, 242 à 260.
Mans (monsieur), II, 165.
March (rivière la), I, 134.
Marmara (mer de), II, 7, 49, 162.
Mareotis (lac), III, 151.
Marmont (général), II, 263, 377, 382.
Marmousset (couvent de), II, 280
Marne (la), I, 74.
Maronites, II, 266, 267.
Maros (la), I, 66, 74, 75, 76, 130, 131, 144, 145, 154, 155, 156, 159.
Marseille, I, 180.
Martin (saint), I, 34.
Massandra, I, 514, 521.
Mathias-Cornivus, I, 126.
Mayence, I, 113.
Maltipé, I, 164.
Méandre (le), II, 239.
Méditerranée, I, 116.
Méhadia, I, 119, 120, 122.
Melês (le), II, 193.
Mehemet-Ali, II, 103, 104, 106, 264, 276, 290, 334, 353, 356. III, 13, 136 à 131, 212, 224, 338. IV, 217, 219, 233, 234, 235, 238, 239.
Mennonistes, II, 352, 353, 354.
Menou (général), III, 152.
Mer Morte, III, 67 à 75.
Mer Noire, III, 163.
Mer Rouge, IV, 121, 190.

Metualis, II, 292, 308.
Mezohegyes (haras de), I, 8, 10, 67, 72, 73.
Michel (grand-duc), I, 185.
Milet, II, 238.
Mikita, II, 313.
Miniêh, IV, 47.
Mithridate, IV, 274, 229, 366.
Moïse, IV, 296.
Moldavie, I, 124, 135.
Monduc (sultan), III, 9.
Marorouivar, I, 155.
Moselle (la), I, 139.
Moudiana, II, 138, 156.
Mouktar-Bey, III, 325.
Mourad-Bey, III, 374.
Moutouche-Pacha, III, 180, 185, 326.
Mohlbach, III, 144.
Mustapha-Bariactar, II, 49, 51.
Mycale, II, 231.
Mysore, II, 320.

N.

Nadjak, I, 150
Nagara, II, 165, 166.
Namuk-Pacha, II, 63, 76.
Natkapu, II, 39.
Napoléon, I, 80. II, 50, 51, 225. III, 104, 261.
Naplouse, III, 30, 31, 34.
Nariskin, III, 179, 320.
Natroun (lac), III, 239.
Nazareth. III, 15, 19, 20.
Néapolis, II, 217.

Nemroud, II, 344.
Neu-Prehongelsky, I, 242.
Neusohl, I, 42, 48, 50.
Ney (maréchal), III, 263.
Nicée, II, 138.
Nicolas (empereur), I, 347.
Nicolajeff, II, 265, 266.
Nicomédie, II, 138.
Nicopolis, I, 135.
Nil (fleuve), III, 144, 229, 247, 357. IV, 51, 52, 105, 113, 123.
Nikita, III, 321.
Noé, I, 32.
Nogaïsk, I, 350.
Noire (mer), I, 113, 339.
Nopsa (M. de), I, 133.
Notes sur l'histoire et la législation de la Hongrie, I, 367.
Nourah, IV, 57, 58.
Novaïa-Praga, I, 260.
Novoe-Odessa, I, 263.
Novograd. I, 251.

O.

Obschanka, I, 239.
Ocsa, I, 61.
Oczakow, 234, 270.
Odessa, I, 4, 170, 175, 176, 177, 178; 191, 205, 229, 262, 270, 272. II, 278.
Œdenbourg, I, 29, 30, 31.

Offenbanga, I, 150.
Oliropol, I, 220.
Olizard (M.), I, 309.
Obschanka, I, 239.
Olympe (mont), II, 7, 137, 144, 151, 154, 155, 286.
Omar (bey), III, 239.
Oneille, I, 315.
Orfa, II, 343.
Orianda, 299, 317, 321.
Orkeny, I, 61.
Orsova, I, 112, 115, 117.
Ortogol (chef tartare), II, 147, 148.
Osman-Pacha, II, 77.
Osman (sultan), II, 148, 149, 345.
Ossiach, I, 40.
Othello (étalon), I, 73.
Othman (sultan), II, 10.
Ouman, II, 243, 244, 251.
Ours (montagne de l'), I, 321.
Oursouff, I, 309, 321.

P.

Pahlen (général), I, 260.
Paixhans (canons à la), I, 275.
Palestine, I, 4.
Panias, III, 7.
Panticapée, 329.
Paris, I, 74, 79, 175.
Parthénion; 285.
Pastimil, I, 309.

Patakion, 1, 294.
Patrocle. II, 171.
Paulograd, 246, 249.
Paulowsky, 250.
Paysans Hongrois, 392.
Péra, II, 7, 12 41.
Pérécopp, I, 362, 365.
Perowski (M.), I, 304, 306.
Persique (golfe), II, 312.
Pesth, I, 5, 6, 7, 15, 22, 27, 55, 61.
Pétersbourg (Saint-), 177, 179.
Petit (M.), III, 362.
Petrikowka, I, 260.
Pharaons, IV, 86.
Phénicie, II, 259.
Pierre-d'Aubusson, II, 250.
Pierre-le-Grand, II, 68, 100.
Pierre (Saint-), I, 44.
Pistol (général), I, 160.
Poggio (madame), I, 314.
Poitevin (Colonel), II, 52.
Pologne, I, 67, 77, 164.
Polonais, 1, 21.
Pompée, III, 162, 163.
Portes de fer, I, 123, 125.
Possonby (lord), IV, 247.
Potemkin (le prince), I, 254, 265, 268, 274, 309.
Potocki (le comte), I, 243, 244.
Potocka (la comtesse), I, 291.
Pousta, I, 55.
Praga, I, 260.

PRESBOURG, I, 28, 42, 51, 52.
PROPONTIDE, II, 161.
PRUSÉE, II, 143.
PRUTH, I, 142, 163, 165, 170.
PULTAWA, II, 69.
PYRAMIDES, IV, 6.
PYTHAGORE, II, 233.

Q.

QARS-KAROUN, IV, 27, 28.

R.

RAAB, I, 7, 8.
RABORENSKI (général), I, 260.
RACHNÉ, II, 288.
RADACEZ, I, 10.
RADAMONT, IV, 51.
RAMA, III, 92.
RAMPON (général), III, 375.
RAPP (général), II, 78.
RARADONBEFF (général), I, 251.
RASDOURG, I, 33.
REICHENBACH (ingénieur), I, 267.
REKAFFECH (vallée de), I, 315, 321.
REVAY (directeur des mines), I, 46.
RÉSUMÉ, IV, 232.
RHAMSÈS, 69, 83.
RHIN (le), I, 113, 139.
RHODES, II, 244, 247, 252.
RICHELIEU (duc de), 180, 309.

RIMNICK (la), 233.
ROSEN (général), I, 277.
ROSETTE, III, 142.
ROSIÈRES (haras de), I, 72.
ROUGE (mer), I, 117.
RUFFIN (consul), II, 48.
RUSSIE, I, 76, 81, 170, 228. II, 110, 126.
RUSSIE MÉRIDIONALE, I, 3, 169, 175, 195.
RUSTAICH, II, 355.

S.

SABARIA, I, 34.
SABLI, I, 299.
SACHKAROFF (général), I, 246.
SACHKAROFF (général), I, 236.
SACKEN (général, I, 183, 236.
SACRAMOR (étalon), I, 72.
SAÏDE, II, 293.
SAINT-JEAN-D'ACRE, II, 331, 333. III, 15, 97 à 102, 185.
SAINT-JEAN, III, 62.
SAINT PAUL, III, 4.
SAINT-PAUL (couvent de), IV, 180 à 189.
SAINT-SÉPULCRE, III, 40.
SAINT-SIMONIENS, III, 361, 363
SAINTE-CATHERINE (mont), IV, 179.
SAINTE-SOPHIE (mosquée de), II, 22.
SALADIN (sultan), III, 273.
SALOMON, III, 37.
SAMOS (le), 156, 157, 158, 161, 163.

Samos, II, 221, 225, 256, 258.
Sandor (comte de), 19.
Saône (la), 155.
Sannin (mont), II, 286, 287, 296.
Sassayack, II, 514.
Saulios, I, 505.
Save (la), I, 64.
Saxons, I, 140.
Scala-Nuova, II, 217, 225.
Scamandre, II, 175.
Schemnitz, I, 42, 46, 15.
Scio, II, 210, 214, 215.
Scutari, II, 41, 44, 553.
Scythes, 529.
Sébastiani (général), II, 568.
Sedicueil, II, 198.
Seljoucides, II, 146.
Selves (voir Soliman-Pacha).
Seng (le docteur), I, 3, 288. II, 29, 34, 58, 160.
Serbes, I, 195.
Serre (de)(chimiste), 299.
Sésostris, IV, 84.
Sestiaux (consul), II, 193.
Servie, I, 142.
Seth, I, 32.
Sibérie, I, 302, 358.
Sidon, II, 259.
Siguiska, 196.
Silésie, I, 77.
Siloe (fontaine de), III, 50.
Simoïs (fleuve), II, 175.

SIMPHÉROPOL, 299, 328.
SINAÏ (mont), IV, 179.
SISOPOLY (fort de), I, 277.
SIVAS, II, 543, 545.
SIZYQUE, II, 160.
SKILUROS, 294.
SMYRNE, II, 157, 204, 205, 206, 210.
SODANSKA (comtesse), I, 517, 521.
SOBIESKI (roi), I, 21.
SOLIMAN-PACHA, III, 259, 260, 262, 263, 265, 290, 326.
SOLIMAN (sultan), II, 250.
SOLON, 305.
SOPHIE (mosquée de SAINTE-), II, 85, 86.
SOPHIOWFKA, I, 247, 249.
SOROKSAR, I, 50, 61.
SOUDAC, I, 324, 325.
SOUWAROW, I, 230, 232, 233, 234, 235, 274.
STAREPWOSKI (amiral), I, 277.
STRABON, II, 239.
STREHL, I, 125.
STEINAMANGER, I, 34.
STURMER (baron de), II, 13, 50.
SUISSE, I, 45.
SURGAYIA, II, 312.
SUTBLWESSENBURG, I, 37, 39.
SYOUT, IV, 55, 126.
SYRIE, I, 4. II, 258, 287. III, 4.
SZECHLERS (LES), I, 137, 138, 140.
SZECHÉNY (comte de), I, 33.
SZENTÈS, I, 64.

T.

Taman (île de), I, 339, 342.
Tantale (lac de), II, 201.
Tareita, II, 290, 291, 293, 308.
Targowitz, 243.
Tarsous, II, 343.
Tartares, I, 291, 348, 349.
Taurus, I, 177, 199, 303, 305.
Taurus (mont), II, 343, 344.
Tcheruff (lac), I, 333.
Tcheskan, II, 344.
Temes (rivière), I, 78, 112.
Temesvar, I, 66, 75, 76, 78.
Terraneh, III, 241.
Terregova, I, 112.
Testa, II, 14.
Thabor (mont), III, 19, 20.
Thalès, II, 239.
Thamas-Koulikan, II, 353.
Thèbes, IV, 68, 73, 102, 109.
Theiss (rivière la), I, 63, 64, 65, 66, 76, 131.
Théodose (empereur), II, 27.
Théodosis, 286, 326, 328.
Thérapia, II, 5, 13.
Tibériade (lac de), III, 12, 14, 16.
Tilsitt, II, 51.
Tophana, II, 6, 7, 12, 55.
Torda, I, 156.
Tournefort (voyageur), II, 222.

Tours, I, 34.
Trajan (empereur), I, 124.
Transylvanie, I, 4, 5, 55, 74, 75, 76, 112, 118, 122, 123, 124, 129, 135, 140, 149, 160, 162. II, 124.
Trébisonde, I, 117.
Trèves, I, 139.
Tribunaux hongrois, I, 393.
Trieste, I, 116.
Tripoli, II, 296, 334.
Troie, II, 171, 173.
Tschatir-dagh (mont), I, 286.
Tschatrodagh (mont), I. 306.
Tschiblack, II, 175.
Tschomnaïa-Tsschak (rivière de), I, 280.
Tschonfort-Kalé, II, 295, 296.
Turcs, I, 15, 29, 58, 105, 108, 118, 144, 145, 155, 164.
Turcomans, II, 152, 153, 154, 203.
Turquie, I, 80, 81, 106, 143.

U.

Ukraine, 198, 247.
Ulpia-Trajana, I, 124, 125.

V.

Vady-Huniade, I, 127.
Valachie, I, 76, 106, 109, 118, 124. II, 124.
Valaques, I, 140.

Valide (aquéduc), II, 15.
Van-Lenep (consul), II, 193.
Varin (colonel), III, 288.
Vassely, I, 124.
Vénus, II, 244.
Vernazza (interprète), II, 382, 388.
Viodin, II, 50.
Vienne, I, 1, 3, 5, 6, 7, 20, 27, 29, 40, 79, 115, 117, 133, 135, 175, 272.
Villeneuve (l'amiral, III, 261.
Vistule (fleuve), I, 164.
Vitay, I, 289.
Volkoff (fleuve), I, 196.
Volney, II, 300, 307.
Vraut (général), I, 236.
Voleurs du Nil, IV, 124.

W.

Wag (rivière la), I, 15, 16.
Werispatak, I, 150.
Wieliczka (mines de), I, 156.
Witt (général comte de), I, 176, 180, 191, 196, 225, 251, 260, 274, 317, 321, 342.
Wosneszenck, I, 236, 239.
Woronzow (comte de), I, 170, 175, 177, 179, 191, 274, 288, 303, 309, 314, 320, 331, 344, 347, 368.

X.

Xerxès, II, 167.

Y.

YALTA, 313, 317, 321.

Z.

ZALATNA (mines de), I, 131, 149, 153.
ZAPOROGUES, I, 197.
ZEVRECH, II, 59.
ZICHY (comte), I, 33.
ZINGARES, I, 110.
ZUBDAM, II, 313.

FIN DE LA TABLE ET DU DERNIER VOLUME.

ERRATA.

TOME PREMIER.

Page 35, lac Baraton, *lisez* lac Balaton.
       40, cetter ichesse, *lisez* cette richesse.
       40, au célèbre roi Chenbach, *lisez* au célèbre Reichenbach.
       49, centaines pieds, *lisez* centaines de pieds.
       58, Adenbourg, *lisez* Altenbourg.
       69, Shezohegyès, *lisez* Mezohegyès.
       71, au per, *lisez* au prix de.
       72, Honius, *lisez* Nonius.
       160, Jousika, *lisez* Josika.
       176, a également Odessa, *lisez* également à Odessa.
       204, même on, *lisez* même un.
       236, Vosningsehsky, *lisez* Wozneszenk.
       238, Constantinoska, *lisez* Konstantinowka.
       239, Obschanka, *lisez* Olschanka.
       id. Blogolainava, *lisez* Blagodaina.
       id. Vosninschensky, *lisez* Wozneszenk.
       243, 244, 247, 249, Potoki, *lisez* Potocki.
       247, Sophinska, *lisez* Zoflowka.
       253, haituel, *lisez* habituel.
       260, Petrikonka, *lisez* Petrikowka.
       id. Novia-Praga, *lisez* Nowaia-Praga.
       id. Grocosoo, *lisez* Grochow.

ERRATA.

Page 270, Ocsakow, *lisez* Oczakow.
300, Olisar, *lisez* Olizar.
317, 320, Sobenska, *lisez* Sobanska.
382, abrégé, *lisez* abrogé.
396, Haraques, *lisez* Slavaques.

TOME SECOND.

Page 13, Campés Europo, *lisez* Compós en Europe.
58, Iles Syanées, *lisez* Cyanées.
160, 161, Sizygue, *lisez* Sizyque.
205, milliards, *lisez* millions.
214, Spalmadozi, *lisez* Spalmadori.
250, en 1520, *lisez* en 1522.
287, des offrance, *lisez* de souffrance.
336, rien a des irer, *lisez* rien à désirer.